인생을 바꾸는

잠들기 전 15분 노트

인생을 바꾸는

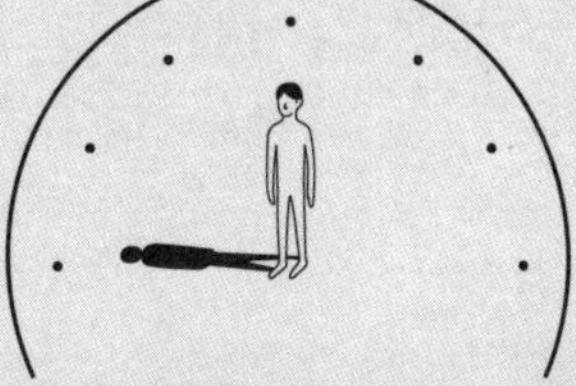

잠들기 전 15분 노트

요코카와 히로유키 지음
신찬 옮김

프롬북스 frombooks

ㅇ 들어가며

인생을 바꾸는 잠들기 전 마법의 15분!

먼저 이 책을 선택해주셔서 감사합니다.

이 책은 '생각을 현실화하는 힘', '행동력', '목표 달성력', '습관 고치기' 등이 필요한 분에게 도움을 드리고자 탄생했습니다.

'우아! 마침 그런 생각을 하고 있었는데 어떻게 알았죠?' 하고 깜짝 놀라셨나요? 만약 당신이 그런 생각이 없었다면 이 책을 선택하지 않았을 테고 더욱이 펼쳐볼 생각은 하지 않았을 겁니다.

약속드립니다. 이 책을 49일 동안 마지막까지 완독하고 실천하시면 자기 자신이 더 좋아지고 새로운 일에 적극적으로 도전하는 사람으로 성장할 수 있습니다.

저는 생각을 글로 표현해서 바라는 변화를 이끌어내도록 돕는 일을 하고 있습니다. 이런 노하우를 정리한 전작 『생각을 문자화하면 현실화된다』를 읽고 실천하신 분들이 변화된 모습을 들려주셨습니다.

· 대화가 단절된 부부였는데 지금은 매일 이야기를 나눠요.

· 목표로 삼고 있던 전국대회에 출전하게 됐어요.

· 코로나19에도 매월 최고 매출을 갱신하고 있습니다.

· 이제는 상품을 등록하면 5분 만에 매진됩니다.

· 오랫동안 생각만 하던 독립의 꿈을 이뤘어요.

· 아이를 원하는 학교에 합격시켰어요.

· 꿈에 그리던 이상형과 교제 중이에요.

저는 전작에서 "누구나 생각을 실현할 수 있다. 생각을 실현하지 못하는 이유는 자신에게 현실화하는 '힘'이 부족하기 때문이다"라고 언급한 바 있습니다.

지금 당신이 이 책을 읽고 있는 것도 '책을 손에 들고 책장을 펼친다'는 생각을 현실화하는 힘을 갖췄기 때문입니다. '무슨 그런 당연한 말씀을……'이라고 생각할지도 모르겠지만 당연한 일이기 때문에 현실화할 수 있는 것입니다.

'나는 매일 부자가 되고 싶다고 생각하지만 실현되지 않아요. 생각을 현실화할 수 있다고요? 거짓말하지 마세요!'라고 생각하는 사람도 많습니다.

그렇다면 왜 현실화하지 못할까요? 이유는 아주 간단합니다.

'부자가 되고 싶다'라는 생각에는 '나는 부자가 아니다'라는 생각이 깔려 있습니다. 과연 '부자가 아니다'라는 생각을 하고 있는데 현실화할 수 있을까요?

부자는 '부자가 되고 싶다'라고 생각하지 않습니다. 부자는 돈을 갖고 있는 상태가 당연하기 때문에 부자인 것입니다.

'당연한 일이 현실화된다'라는 말은 '현실화하고 싶은 일이 있다면 현실화할 수 있는 게 당연하다고 생각해야 이루어진다'라는 의미입니다. 자신이 바뀌면 현실도 바뀝니다. 반대로 현실이 바뀌면 '자신이 그 현실에 어울리는 사람이 되었다'라고 판단할 수 있습니다.

실패는 성장의 밑거름

다만 자신이나 인생을 바꾸고 싶다면 지금까지와는 다른 새로운 방법을 모색해야 합니다. 방법이 새로우면 실패 위험도 커집니다. 하지만 실패할 위험을 무릅쓰지 않고 자신과 인생을 바꿀 수는 없습니다. '자신과 인생을 바꾸고 싶지만 실패는 하고 싶지 않아요'라는 자기 편의적인 한심한 생각은 잊어버리세요. 실패

없이 성공을 이룬 사람은 역사상 한 명도 존재하지 않으니까요.

성공은 돈과 명예를 선사하고 실패는 성공을 선사합니다. 성공 뒤에는 수많은 실패가 숨어있습니다. 실패가 있기에 성공을 거둘 수 있는 것입니다.

세상에는 무슨 일을 해도 남들의 부러움을 사는 성과를 내는 사람도 있습니다. 하지만 그 사람도 처음부터 성과를 내지는 못했을 겁니다. 누구나 태어날 때는 아무것도 할 수 없는 아기입니다. 살면서 많은 도전과 실패를 겪으며 성장했고 이루고 싶은 생각을 현실화하는 힘을 착실하게 키웠기에 가능한 일이라고 생각합니다.

도전과 실패를 건너뛴 성장은 없습니다. 또한 성장 없이는 생각을 현실화하는 힘도 생기지 않습니다. '무슨 말씀인지 알지만 그래도 실패는 두려워요'라는 분도 있겠죠. 하지만 그런 생각은 이 책에서 제시하는 과제를 차근차근 풀다 보면 반드시 극복할 수 있습니다.

실패한 자신 인정하기

최악의 상황을 예측하고 최고의 준비를 갖춰도 실패를 피하지 못하기도 합니다. 하지만 실패는 도전했기 때문에 생긴 일이고 자신의 힘이 부족했기 때문에 생긴 일입니다. 실패를 경험하고 싶은 사람은 아무도 없겠지만 벌어진 일은 되돌릴 수 없습니다. 중요한 것은 실패 후의 대응입니다. 실패에 낙담하고 포기를 선택할 수도 있고 다음 도전의 발판으로 삼는 선택도 가능합니다.

실패는 성장입니다. 실패를 통해 바라는 바를 현실화할 수 있는 사람으로 한 단계 더 성장할 수 있습니다. '실패한 자신'을 스스로 인정하면 조금씩 생각을 현실화하는 힘이 생깁니다.

전작에서 실패한 자신을 인정하는 힘을 '자인력自認力'이라고 이름 붙였습니다. 자인력이 강해지면 생각을 현실화하는 힘도 강해집니다. 이 책은 49일 동안의 과제를 통해 생각을 현실화하는 힘과 자인력을 키워줄 것입니다. 아무쪼록 마지막까지 읽고 실천해주시길 바랍니다.

이 책의 활용법

이 책은 제목대로 잠자리에 들기 전에 작성하는 것을 추천합니다. 자기 전에는 하루 동안 일어난 일을 모두 뒤돌아볼 수 있기 때문에 하루를 마감하고 편안히 잠들 수 있습니다. 뿐만 아니라 뇌는 수면 중에도 활동하기 때문에 잠들기 전에 하루를 뒤돌아보면 자는 동안에 일어났던 일들이 자연스럽게 정리되어 다음 날 상쾌한 기분으로 기상할 수 있습니다.

매일의 과제에는 하루 동안 좋았던 일 세 가지를 쓰는 항목이 있습니다. 좋았던 일을 작성하면 그날 하루는 '좋았던 날'로 기억되기 때문에 긍정적인 심리상태가 되어 다음 날을 기분 좋게 시작할 수 있습니다.

반대로 좋았던 일을 쓰지 않고 나빴던 일만 생각하다 잠들면 뇌가 힘든 하루를 보냈다고 인식하기 때문에 개운하게 아침을 맞이할 수 없습니다. 잠자리가 불편하면 그날 하루의 기분도 다운되고 그런 모습에 주위 사람들은 당신을 멀리합니다. 결국 다시 기분 나쁜 상황이 벌어지는 악순환이 일어납니다.

이런 상황은 피하는 게 좋지만 대부분은 자신도 모르는 사이에 악순환에 빠지고 맙니다. 눈앞에서 벌어지는 일은 대체로 큰 의미가 없습니다. 다만 그 일에 의미를 부여하는 자신이 있을 뿐입니다. 그리고 이런 의미 부여가 생각의 버릇을 만듭니다.

혼자서 실현할 수 있는 일은 소박한 일뿐입니다. 큰일을 실현하려면 절대적으로 남들의 협력이 필요합니다. 그러려면 남들이 기쁜 마음으로 도울 수 있는 사람이 되어야 합니다. 그 첫걸음이 좋았던 일을 기억해내는 습관을 기르는 일입니다.

그럼 이 책을 활용할 때 반드시 지켜야 할 세 가지를 말씀드리겠습니다.

① 책에 직접 작성한다

책에 뭔가를 써넣는 일에 저항감이 있는 분도 계실 겁니다.

그렇다면 이렇게 생각해봅시다. 실은 이 책은 미완성입니다. 완성하려면 어떻게 하면 될까요? 매일 제시하는 과제에 답변을 적으면 됩니다. 과제는 누구에게나 똑같지만 당신의 경험은 유일무이합니다. 다른 사람과 같은 내용일 수 없죠. '같은 내용이 아니다'라는 것은 49일 후 이 책은 세상에서 당신만이 유일하게 가지고 있는 책이 된다는 의미입니다.

당신은 49일 후 이 책을 이용해서 다른 사람을 가르칠 수도 있습니다. 직접 경험해서 배우고 느낀 점이 적혀 있기 때문에 당신 이외에는 가르칠 수 있는 사람이 없습니다. 이 책의 가격 이상의 금전적인 가치를 붙여서 가르쳐도 전혀 문제가 없으며 함께 책의 활용법을 고민해주셔도 좋습니다.

② 하루에 하나씩 작성한다

이것도 철저하게 지켜주시기 바랍니다. '깜빡 잊고 한꺼번에 며칠 분을 작성'하는 일이 절대 생겨서는 안 됩니다. 방학 숙제가 아닙니다. 몰아서 하면 아무런 도움이 되지 않습니다. 매일 착실히 단계를 밟아가는 게 중요합니다.

예를 들어 2킬로미터 달리기를 일주일 동안 매일 반복하는 것과 7킬로미터 달리기를 주에 두 번 달리는 것은 결과적으로 총거리는 똑같지만 어느 쪽이 더 효과적일까 생각하면 매일 달리는 것입니다.

작성 시간은 특별히 정하지 않겠지만 15분 내외로 생각해주세요. 15분은 하루1,440분의 1퍼센트 수준입니다. 이 1퍼센트를 어떻게 활용하느냐에 따라 당신과 당신의 인생이 바뀔 수 있다는 것을 보여드리겠습니다.

빠트리지 않고 매일 반복하면 멘탈도 강해집니다. 멘탈에 대해서는 다른 책을 통해 소개할 예정이니 여기서는 다루지 않겠지만 멘탈이 강한 사람은 자신이 정한 일을 지속한다는 특징이 있습니다. 즉 '멘탈을 키우려면 자신이 정한 일을 빼먹지 말고 계속하면 된다'라고 말할 수 있습니다.

③ 단정조로 작성한다

과제에 답할 때는 단정조로 작성해주세요. 이 또한 익숙하지 않겠지만 누군가에게 뭔가를 전달할 때는 단정하듯이 말하지 않으면 잘 전달되지 않으며 무엇보다 자신감이 없어 보입니다.

예를 들어 '49일 동안 실천해보려고 생각해요'라고 말하는 사람이 있다면 어떤 생각이 드시나요? '생각만 하고 실천하지 않는 사람', '자신감이 없는 사람'으로 판단하기 십상입니다.

자신감은 어떻게 드러낼 수 있을까요? 자신감이 있으면 '~라고 생각해요'라는 식으로 말하지 않습니다. 만약 제가 "구구단을 외울 수 있나요?"라고 물으면 보통은 "할 수 있어요!"라고 딱 잘라서 말합니다. 마찬가지로 "1부터 30까지 곱셈을 암산으로 할 수 있나요?"라고 물으면 어떤가요? 암산 실력이 뛰어난 사람이 아니라면 "할 수 없습니다!"라고 딱 잘라서 말합니다.

이처럼 가능한 일뿐만 아니라 불가능한 일에 대해서도 확신하고 있다면 단정조로 말합니다. 예를 들어 지금은 1부터 30까지 암산으로 곱셈을 할 수 없다고 합시다. 하지만 연습을 통해 할 수 있게 되면 "할 수 있어요!"라고 딱 잘라 말할 수 있습니다. 따라서 이렇게 되었을 때를 가정해 연기를 한다고 생각하면 어떨까요? 가능 여부는 나중에 해결될 문제이므로 일단은 단정조로 말하는 거죠. 매일의 과제를 통해 단정조로 말하는 연습을 반복하고 자신 있게 딱 잘라 말하는 습관을 기릅시다.

이상의 세 가지를 지키면서 과제를 수행하면 49일 후에는 지금과는 완전히 다른 자신을 만날 수 있다고 약속드립니다.

또한 문자에는 글을 쓰는 작성자의 에너지가 옮겨집니다. 의무적으로 작성하면 의무감에 젖은 책이 되기 때문에 읽는 게 힘들어지고 어느 순간 책을 멀리하고 맙니다. 반대로 매일의 즐거움을 찾아서 기쁜 마음으로 작성하면 즐거운 에너지가 담긴 책이 되므로 책을 펼치는 일이 즐거울 수밖에 없습니다.

최종적으로 어떤 책으로 만들지는 당신이 어떤 자세로 하루하루를 보내는가에 달려 있습니다.

그럼 Day01에서 다시 뵙겠습니다.

차례

Week 02 문제점 명확히 하기

Week 03 세상과 나는 이어져 있다

Week 04 갖고 있는 것에 집중하기

Week 05 태도 바꾸기

Week 06 타인 움직이기

Week 07 자신에게 성실하기

Week 01

첫걸음 내딛기

Day 01 자신과 약속하기

드디어 첫 번째 날이 밝았군요. 49일 동안 펼쳐질 당신의 성장 과정을 함께하게 되어 진심으로 기쁩니다.

아무리 큰일도 첫발을 떼지 않으면 현실로 이룰 수 없습니다. 예를 들어 오사카 시내에 살고 있는데 도쿄의 국립경기장을 가야 한다고 합시다. 어떻게 하면 될까요? 고속철도나 비행기를 이용할 수도 있고 버스나 자가용을 타고 갈 수도 있습니다. 심지어 걸어서 가는 방법도 있죠. 하지만 계획만 세우고 집을 나서지 않으면 국립경기장까지 갈 수 없습니다.

'무슨 그런 당연한 말씀을 하세요?'라고 생각할지도 모르겠지만 계획만 세우고 실행에 옮기지 못하는 사람이 의외로 많습니다. 어렵게 첫걸음을 뗐지만 두 번째, 세 번째 걸음까지 이어가지 못하는 경우도 많고요. 왜 그런지에 대해서는 다음 주에 상세히 설명하기로 하고 오늘은 첫걸음에 집중하기로 해요.

오늘의 테마는 '자신과의 약속'입니다. 거창하게 어려운 약속을 몇 개씩 생각해낼 필요는 없습니다. 일단 오늘 당신이 해야 할 약속은 이 노트를 쓰는 타이밍을 정하는 일입니다. 아무래도 밤이 가장 효과적이지만 아침이든 낮이든 언제 쓰더라도 크게 다르지 않습니다.

다만 '저녁 8시에는 반드시 이 노트를 쓰겠어!'처럼 시각을 정하기보다는 '샤워 후', '양치질 후' 등과 같이 자신의 습관과 결부시켜 계획을 짜는 걸 추천합니다.

매일 확실히 노트를 펼칠 수 있는 타이밍을 정했다면 그것을 25페이지와 같이 노트에 적어둡니다. 노트에 기록했다면 스마트폰의 달력에도 노트 쓸 시간을 적당히 산정해서 매일 반복되도록 설정합시다.

행동이 계속 이어지지 않는 가장 큰 이유는 '망각' 때문입니다. 양치질이나 샤워 등과 같이 습관화되면 잊지 않고 계속 행동할 수 있습니다. 하지만 새롭게 시도하는 일은 금세 까먹기 마련이죠. '습관처럼 몸에 배지 않아요' 하고 고민을 토로하는 분이 많은데 보통은 잊어버리는 경우가 대부분입니다. 해야 할 일을 깜빡 잊어버린 경험은 누구에게나 있을 겁니다.

노트 쓰는 시간을 '양치질 후'라고 정했다고 합시다. 양치질 시간이 매일 똑같을 수는 없는데 특정 시간에 알람이 울리도록 설정하면 노트를 쓴다는 자신과의 약속을 잊지 않게 해줍니다.

이 약속은 저와 하는 것이 아닙니다. 다름 아닌 당신 자신과의 약속입니다. 저는 강연 중에 '당신에게 소중한 사람의 이름을 다섯 명 써보세요'라는 질문을 자주 하는데 자신의 이름을 쓰는 사람은 1퍼센트도 안 됩니다. 그만큼 자기 자신을 돌보는 사람이 많지 않다는 증거입니다. 당신은 소중한 사람과의 약속을 반드시 지키는 사람일 것입니다. 그래서 자기 자신보다 남을 우선시하는 경우도 많겠지요.

하지만 이번 49일 동안만큼은 자신과의 약속을 최우선으로 생각하기 바랍니다. 최우선적으로 실천하다 보면 49일 후 당신은 '자신과의 약속을 지키는 사람'으로 성장해 있을 겁니다. 자신과의 약속을 지킨다는 것은 무슨 일이든 실현될 때까지는 포기하지 않는 사람이 된다는 의미이기도 합니다.

노트를 펼쳐서 매일 제시하는 과제에 답을 적기만 하면 됩니다. 누구나 할 수 있는 일이죠. 하지만 이렇게 누구나 할 수 있는 일을 계속 이어갈 수 있는 사람은 그리 많지 않습니다. 그렇기 때문에 기회인 것입니다.

생각나는 대로, 느끼는 대로 적으면 됩니다. 어쩌면 부정적인 글로 가득 채워질 수도 있지만 상관없습니다. 그것이 지금 당신의 '있는 그대로의 모습'이기 때문입니다.

미래는 실현되면 '지금'이 됩니다. 지금의 자신을 인정하지 못하면 아무리 멋진 사람이 되어도 자신을 인정하지 못할 것입니다.

현재는 당신이 그리는 이상향과 크게 동떨어진 모습일지도 모릅니다. 하지만 그런 자신에서부터 시작할 수밖에 없습니다. 착실하게 한 걸음씩 꾸준히 걸어간다면 49일 후 확실히 변화된 모습을 기대해도 좋습니다.

① 노트를 쓰는 타이밍을 정해서 다음 페이지의 빈칸을 메웁니다.
② 타이밍을 정했다면 스마트폰 알람을 설정하고 다음 페이지의 YES에 ○를 칩니다.
③ 오늘을 뒤돌아보고 좋았던 일 세 가지를 다음 페이지에 적습니다.
④ 하루를 뒤돌아보고 느낀 점이나 감상을 다음 페이지에 자유롭게 적습니다.

그럼 오늘의 과제를 작성해봅시다. 성공을 위한 첫걸음을 내디딘 당신! 내일 또 만나요.

Day 01

Date . . .

1. 노트 쓰는 타이밍

나 (   )는 (   )에 반드시 이 노트를 작성하겠습니다.

2. 스마트폰에 알람 설정을 했나요?

YES / NO

3. 오늘을 뒤돌아보고 좋았던 일 세 가지를 적어주세요.

<예> 노트에 과제를 작성할 수 있어서 좋았다.

①

②

③

4. 하루를 뒤돌아보고 느낀 점이나 감상을 자유롭게 적어주세요.

Day 02 이루고 싶은 성과 정하기

오늘도 만나게 돼서 기뻐요. 감사합니다. 물론 실제로 얼굴을 대하고 있는 건 아니지만 저는 당신이 눈앞에 있다고 가정하고 글을 쓰고 있습니다.

어제 Day01 노트를 작성해보니까 어땠나요?

'생각처럼 쉽지 않았어요.'

'조금밖에 쓰지 못했어요.'

'정말 이것만 적어도 되나요?'

부정적인 의견이 많을지 모르겠지만 괜찮습니다.

대부분은 부정적인 자신과 마주하지 않으려고 이런저런 핑계를 대면서 행동으로 옮기지 않습니다. 왜냐하면 그게 실패하지 않는 최선의 방법이기 때문이죠.

행동에는 반드시 '실패'라는 위험요소가 뒤따릅니다. 그리고 성공보다는 실패하는 횟수가 더 많고요. 에디슨의 일화를 예로 들지 않아도 성과를 내는 사람들은 실패를 이겨내는 힘이 강합니다.

우리는 정답을 미리 준비해서 그대로 따르는 교육을 받아왔습니다. 그래서 무슨 일이든 정답이 있다고 믿습니다. 머리로는 '정답 따위는 없다'라고 알고 있지만 정작 실제로는 항상 정답을 찾으려고 애씁니다.

그래서 정답이 보이지 않으면 행동하지 않는 것입니다.

행동에는 실패가 따르지만 실패는 성장을 보답합니다. 반면 행동하지 않으면 실패할 일이 없지만 지금의 자신에서 벗어날 수 없습니다.

항상 변화를 갈망하면서도 실패에 대한 두려움 때문에 현재에 머무르는 것을 선택하고 맙니다.

많은 사람이 죽기 직전에 이렇게 생각합니다. '좀 더 도전했으면 좋았을 걸……' 하고 말입니다. 당신은 이렇게 끝내고 싶지 않기 때문에 이 책을 선택했을 겁니다.

물론 실패는 두렵습니다. 하지만 더 두려운 건 죽기 전 '좀 더 도전했으면 좋았을 걸……' 하고 후회하는 게 아닐까요?

저 또한 항상 두려움을 느끼고 있습니다. '이 책을 보고 비판하는 사람이 생기면 어떡하지? 어쩌면 팔리지 않아서 민폐를 끼칠지도 몰라. 그래서 더는 책을 쓰지 못할 수도 있어.' 이런 두려움에서 벗어나기 위해 '책을 쓰지 않는다'는 선택을 할 수도 있습니다. 하지만 지금의 자신을 지키기 위한 혼자만의 생각일 뿐입니다.

책을 써서 얻을 수 있는 미래도 생각합니다. 어느 쪽을 선택해야 후회 없는 삶일까요? 이렇게 당신이 이 책을 읽고 있다는 것은 도전했을 때 얻을 수 있는 미래를 선택했다는 의미입니다.

오늘의 과제는 '이루고 싶은 성과 정하기'입니다. 이 책을 끝냈을 때 어떤 성과를 기대하나요? 현시점에서 솔직한 생각을 글로 써주세요.

· 49일 동안만이라도 딱 잘라 말하는 사람 되기
· 실패를 견디는 힘을 길러 새로운 일에 도전하는 사람 되기
· 나 자신을 더 사랑하기
· 먼저 인사를 건네는 사람 되기

예를 들어 위와 같이 이루고 싶은 성과를 적어보는 겁니다.

솔직하게 문자로 표현하기 어색할지도 모르겠네요. 저도 예전에는 그랬기 때문에 어떤 기분인지 잘 압니다. 하지만 자신만 볼 수 있는 노트임에도 솔직할 수 없는 사람이 어떻게 다른 사람 앞에서 솔직해질 수 있을까요?

'있는 그대로의 자신'을 알고 싶다면서 자기 자신에게조차 있는 그대로 보여주지 못하는 건 말이 안 됩니다. 자기 자신에게조차 보여주지 못하는 '있는 그대로의 자신'을 남이 이해해주기를 바라는 건 너무나 안일한 생각입니다. 만약 당신 눈앞에 그런 사람이 있다면 어떻게 하시겠어요? 친해지고 싶다는 마음이 드시나요?

솔직한 자신을 종이 위에 적어봅시다. 그럼 내일 또 만나요. 감사합니다.

① 이 책을 통해 이루고 싶은 성과는 무엇인가요? 다음 페이지에 적어주세요(몇 개라도 상관없습니다).

② 오늘을 뒤돌아보고 좋았던 일을 다음 페이지에 세 가지 적어주세요.

③ 오늘을 뒤돌아보고 느낀 점이나 감상을 다음 페이지에 자유롭게 적어주세요.

Day 02

Date . . .

1. 이 책을 통해 이루고 싶은 성과는 무엇인가요?
(몇 개라도 상관없습니다.)

2. 오늘을 뒤돌아보고 좋았던 일을 세 가지 적어주세요.

①

②

③

3. 오늘을 뒤돌아보고 느낀 점이나 감상을 자유롭게 적어주세요.

Day 03 주체자는 누구인가?

오늘로 3일째이군요. 어제는 어떤 성과를 이루고 싶다고 작성했나요? '하나밖에 쓰지 못했어요'라는 분도 계실 겁니다. 그래도 그것으로 충분합니다. 그것이 지금의 자신이라고 인정하는 게 중요합니다. 이것저것 많이 쓴 사람도 있겠지만 하나만 썼어도 그 하나를 달성하면 됩니다.

나중에 많이 쓸 수 있는 날이 올 테니 너무 초조해할 필요는 없습니다. 오히려 많이 써서 무엇에 집중할지 몰라 아무런 성과를 올리지 못하는 것보다 훨씬 낫습니다.

이루고 싶은 성과는 49일 도중에 바꿔도 무관합니다. 과제를 진행하면서 '이건 필요 없어'라든지 '이런 표현으로 바꾸면 좋겠어' 등과 같이 생각이 변할 수도 있습니다. 한번 정하면 바꿀 수 없는 게 아닙니다. 유지 및 보수해서 세련되게 만들어주세요.

그럼 한 페이지 앞으로 돌아가서 이루고 싶은 성과를 다시 확인해봅시다. 49일 후에 달성할 수 있는 성과인가요?

'무슨 의미예요?' 하고 생각할지도 모르겠네요.

예를 들어 직장인으로 월급이 300만 원이고 사업계획이 아직 없는 사람이 '49일 후에 내 사업으로 월 1,000만 원을 벌겠어!'라고 적었다고 합시다. 100퍼센트 불가능하지는 않겠지만 현실성이 아주 낮습니다.

지금은 아니지만 49일 후에는 이룰 수 있는 성과인지 확인하고 해당 페이지에 포스트잇을 붙여 둡시다. 그리고 매일 노트를 작성하기 전에 해당 페이지를 펼쳐서 이룰 수 있는 성과인지 살펴봅시다.

Day01에서도 말했듯이 사람이 행동하지 않는 이유는 그 행동과 이루고 싶은 성과를 '망각'하기 때문입니다. 망각이라는 실패를 예측한다면 그에 대한 준비가 가능합니다.

실패를 막으려면 '예측과 준비'가 중요합니다. 물론 '예측과 준비'를 모두 갖춰도 예측 못한 실패를 경험하기도 합니다.

실패는 어쩔 수 없습니다. 상처가 커지지 않도록 처치하고 다음에 같은 실패를 반복하지 않도록 어떤 준비를 해야 했는지 대응책을 생각하면 됩니다. 그리고 실천하는 겁니다. 이렇게 하면 실패는 성공을 위한 자양분이 됩니다.

그럼 오늘의 과제인 '주체자'에 대해서 말씀드리겠습니다. 주체자란 주위 의견이나 제3자의 지시에 의지하지 않고 스스로의 판단과 생각을 기준으로 행동하는 사람입니다. 주체성의 근간에는 '자기책임'이 있습니다. 행동에 대한 결과가 좋지 못해도 책임은 본인이 진다는 개념입니다.

어쩔 수 없는 일로 생긴 결과라도 자신의 준비 부족을 탓하고 반성해서 다음 행동으로 이어가면 됩니다.

제가 주최하는 강연에서는 처음 시작할 때 이루고 싶은 성과와 그 결과를 얻기 위한 주체자가 누구인지 묻습니다. 그러면 다음과 같이 답하는 사람이 반드시 나옵니다.

'○○○ 선생님입니다.'

'함께 공부하는 분들입니다.'

이런 분들에게는 다음과 같이 말씀해드립니다.

'주체자가 저라고요? 그럼 당신이 이루고 싶은 성과에 대해 제가 진심을 다할 수 있도록 행동해야 할 사람은 누구인가요?'

그러면 비로소 주체자가 자기 자신임을 알아차립니다.

당신이 이루고 싶은 성과를 얻기 위해서 주체자가 되어 행동하는 사람은 누구인가요? 이름을 써주세요. 왜 이름인가 하면 책임 소재를 명확히 하기 위함입니다.

예를 들어 계약서에 '자신'이라고 쓰는 사람은 없습니다. 이루고 싶은 성과를 얻기 위한 주체자가 되는 계약을 여기서 맺고자 합니다. 아래가 오늘의 과제입니다.

① Day02에서 작성한 '이루고 싶은 성과'를 얻기 위한 주체자의 이름을 적어주세요.
② 오늘을 뒤돌아보고 좋았던 일을 다음 페이지에 세 가지 적어주세요.
③ 오늘을 뒤돌아보고 느낀 점이나 감상을 다음 페이지에 자유롭게 적어주세요.

그럼 내일 또 만나요.

Day 03

Date . . .

1. Day02에서 작성한 '이루고 싶은 성과'를 얻기 위한 주체자의 이름을 적어주세요.

2. 오늘을 뒤돌아보고 좋았던 일을 세 가지 적어주세요.

①

②

③

3. 오늘을 뒤돌아보고 느낀 점이나 감상을 자유롭게 적어주세요.

Day 04

어떤 각오로 임하는가?

4일째가 되었습니다. 작심삼일이라는 말도 있듯이 새로운 일을 시작할 때는 3일 버티기가 힘듭니다. '계속 유지하기 힘들다', '습관이 안 생긴다'라며 상담을 요청하는 분도 많은데 실은 누구나 계속할 수 있고 습관으로 길들일 수 있는 능력이 있습니다.

한 가지 사례를 말씀드리겠습니다. 2020년부터 확산된 코로나바이러스 감염증의 영향으로 거의 모든 사람이 매일 마스크를 끼고 이동하고 있습니다. 그전까지 마스크를 쓴 사람은 겨울철에만 볼 수 있는 풍경이었죠.

이 책을 쓰고 있는 2021년 여름은 30도씨가 넘는 폭염인데도 모든 사람이 마스크를 쓰고 외출합니다.

2020년 이후 매일 마스크를 쓴다는 행동을 반복해온 결과 이제는 습관이 되어 마스크를 쓰는 게 당연시되었고 오히려 쓰지 않으면 위화감을 느끼는 사람도 있을 정도입니다.

이는 마스크를 쓴다는 습관을 몸에 익힌 사람이라면 누구나 새로운 습관을 기를 수 있다는 의미입니다.

'마스크는 강제하니까 그렇죠!'라고 생각하는 사람이 있을지 모르겠네요. 그렇다면 당신이 만들고 싶은 습관도 강제적으로 매일 해보면 됩니다.

그럼 그 강제를 누가 하면 될까요? 답은 명확합니다. 주체자인 바로 자기 자신입니다.

마스크는 '남들의 눈', '세상의 눈'이 강제력의 근원입니다.

'실은 마스크 쓰고 싶지 않아요. 하지만 마스크를 쓰지 않으면 감염될 가능성도 있고 제가 남들에게 옮길 수도 있으니까…….'
'마스크를 쓰지 않으면 남들이 이상하게 쳐다보니까 싫어요.'

동기가 부정적이긴 해도 이렇게 각오가 강하기 때문에 마스크를 계속 쓰고 생활할 수 있는 겁니다.

그럼 Day02에서 작성한 '이루고 싶은 성과'에 대해 어떤 각오로 임하고 있는지 물어볼게요. 수치(백분율)로 표시하는 게 오늘의 과제입니다.

물론 의욕이 넘쳐 100퍼센트보다 더 큰 숫자를 적고 싶은 사람도 있겠지만 강연에서 확인해보면 의외로 100퍼센트라고 쓰는 사람이 적습니다.

'80퍼센트입니다.'

'50퍼센트입니다.'

'20퍼센트입니다.'

자신을 바꾸겠다는 목적으로 참가했을 텐데 100퍼센트의 각오가 아니라고요? 이상하지 않은가요? 이유를 들어보면 대부분 같은 말을 합니다.

'100퍼센트의 각오로 임하면 지금 하고 있는 일에 소홀해질 것 같아요.'

모든 사람에게는 24시간이 공평하게 주어집니다. 새로운 일을 계획했다면 지금까지 했던 일은 그만두는 게 맞겠죠. 하지만 많은 사람이 그만두지 않고 유지하려고 합니다.

하지만 '지금의 자신을 반드시 바꾸겠다'는 각오가 절실하면 이루고 싶은 성과를 쟁취하는 일을 최우선시할 수 있을 겁니다.

그럼 당신에게 최우선인 일은 무엇일까요? 이 책을 매일 정해진 시간에 작성하는 일입니다. 책을 펼쳐서 이루고 싶은 성과를 확인하고 매일의 과제에 답변을 적습니다. 이 일을 49일 동안 하루도 빠짐없이 매일 이어나가야 성장을 기대할 수 있습니다.

오늘 과제는 다음과 같습니다.

① Day02에서 작성한 이루고 싶은 성과를 얻기 위해 몇 퍼센트로 임할 각오가 되어 있나요? 다음 페이지에 적어주세요.

② 오늘을 뒤돌아보고 좋았던 일을 다음 페이지에 세 가지 적어주세요.

③ 오늘을 뒤돌아보고 느낀 점이나 감상을 다음 페이지에 자유롭게 적어주세요.

Day
04

Date . . .

1. Day02에서 작성한 이루고 싶은 성과를 얻기 위해 몇 퍼센트의 각오로 임할 예정인가요?

<예> 나, ○○○는 이 책을 끝까지 완수하기 위해 100퍼센트의 각오로 임하겠습니다.

2. 오늘을 뒤돌아보고 좋았던 일을 세 가지 적어주세요.

①

②

③

3. 오늘을 뒤돌아보고 느낀 점이나 감상을 자유롭게 적어주세요.

Day 05

생각했다면 즉시 실행하라

Day05를 시작하기 전에 먼저 Day02에서 적은 '이루고 싶은 성과'를 확인하기 바랍니다. 이루고 싶은 성과를 현실화하기 위해 당신은 주체자로서 100퍼센트 이상의 각오로 임하기로 했습니다.

지금까지의 인생에서 주체자인 나 스스로가 100퍼센트 이상의 각오로 임하겠다고 결정하고 도전해본 적이 있나요? 아마도 많은 분이 처음일 겁니다.

'현실화하는 사람과 그렇지 못한 사람은 어떤 차이가 있나요?' 라는 질문을 자주 받는데 '생각'의 차이라고 단언합니다. 현실화하지 못하는 사람은 스스로가 진심으로 현실화할 수 있다고 생각하지 않습니다. 그래서 한번 실패하면 '내가 그렇지 뭐', '역시 뭘 해도 안 되는구나'라며 자신을 질책하고 포기해버립니다.

반면에 현실화하는 사람은 몇 번 실패해도 실패를 통해 얻은 배움으로 개선해서 현실화할 때까지 포기하지 않고 계속 도전합니다. 설정했던 기한을 맞추지 못해 실패했다면 다시 새로운 기한을 정해서 도전합니다.

어쩌면 앞으로 이 책을 펼치지 못하는 날이 올지도 모릅니다. 그런 날이 오더라도 자신을 책망하거나 포기해서는 안 됩니다. 그럴 수 있다고 생각하고 넉살 좋게 다시 시작하면 됩니다. 매일 빠짐없이 반복하는 게 중요하지만 그것이 이 책의 목적은 아닙니다. 이 책의 궁극적인 목적은 당신을 '이루고 싶은 성과를 현실화하는 사람'으로 만드는 일입니다.

오늘의 테마는 '사즉실행思即實行'입니다. 이 말은 제가 만든 말로 전작인 『생각을 글로 표현하면 현실화된다』에서 사용했습니다. '생각했다면 즉시 실행하라'라는 의미입니다.

이 책을 선택하신 분은 아마도 생각을 행동으로 옮길 때 진입장벽이 높은 타입일 가능성이 큽니다. 예를 들어 이왕에 청소한다면 방 전체가 완벽하게 깨끗해져야 한다고 생각하는 식이죠.

'시간도 많이 들고 다른 할 일도 있어. 무엇보다 청소를 안 해도 큰일이 나는 것도 아니잖아?' 하고 하지 않을 적당한 이유를 생각해내서 스스로를 설득합니다.

설득당하지 않으려면 이런저런 고민 말고 당장 행동으로 옮기면 됩니다. 여기서 명심해야 할 키워드가 '사즉실행'입니다.

사즉실행을 실천하기 위해 먼저 '하려고 했지만 아직 안 하고 있는 일'을 세 가지 적고 그중 하나를 사즉실행 해주세요. 그리고 Day06 과제를 진행하기 전에 그 세 가지 모두를 끝내주세요.

이 세 가지는 이루고 싶은 성과와 직접적인 관계가 없어도 무방합니다. 앞에서 청소를 예로 들었는데 다른 일도 괜찮습니다. 여기서 주의할 점은 '생각했다면' 즉시 실행하는 자신이 되는 것이므로 '쓰레기 버리기', '책 정리' 등 간단한 일이 좋겠습니다.

다음 몇 가지 사례를 참고해주세요.

· Facebook에 글 올리기
· YouTube에 댓글 달기
· 우체국에 편지 보내러 가기
· 다림질하기
· 책상 정리하기

'이런 사소한 일을 해서 뭐가 달라지나요?' 하고 생각할지 모르겠지만 사소한 일을 행동에 옮기지 못하는 사람이 어떻게 큰일을 행동에 옮길 수 있을까요?

행동을 멈추게 하는 가장 큰 적은 주위 사람들이 아니라 자기 자신입니다. 주위 사람들의 지적을 듣고 설득당해 행동하지 않기로 했다면 그 결정 또한 책임은 본인에게 있습니다.

주체자에는 '모든 책임을 진다'는 의미도 포함되어 있습니다.

오늘의 과제는 다음과 같습니다.

① 하려고 했지만 하지 않은 일을 다음 페이지에 세 가지 적고 내일 실천해주세요.

② ①을 달성하기 위한 주체자의 이름을 다음 페이지에 적어주세요.

③ 몇 퍼센트의 각오로 임할 예정인가요?

④ 오늘을 뒤돌아보고 좋았던 일을 다음 페이지에 세 가지 적어주세요.

⑤ 오늘을 뒤돌아보고 느낀 점이나 감상을 다음 페이지에 자유롭게 적어주세요.

그럼 내일 또 만나요.

Day
05

Date . . .

1. 하려고 했지만 하지 않은 일을 세 가지 적고 내일 실천해주세요.

2. 1을 달성하기 위한 주체자의 이름을 적어주세요.

3. 몇 퍼센트의 각오로 임할 예정인가요?

4. 오늘을 뒤돌아보고 좋았던 일을 세 가지 적어주세요.

①

②

③

5. 오늘을 뒤돌아보고 느낀 점이나 감상을 자유롭게 적어주세요.

Day 06

작은 행동을 인정하라

어제의 과제를 실천하고 이번 페이지를 펼쳤으리라 생각합니다. 만약 실천하지 않았다면 먼저 실행부터 해주세요.

'이런 사소한 일로 뭐가 달라지나요?'라고 생각할지도 모르겠네요. 이 과제의 목적은 곧장 행동에 옮기는 자신 만들기입니다.

성과는 작은 행동이 쌓여야 이룰 수 있습니다. 반대로 말하면 '작은 행동이 쌓이지 않으면 성과를 낼 수 없다'는 뜻인 거죠.

'이런 자신이 되겠어!', '이런 미래를 만들겠어!', '이런 성과를 올리겠어!' 등에서 '이런'에 해당하는 부분을 글로 표현했다고 해도 행동하지 않으면 현실화할 수 없습니다.

당신이 그리는 미래로 향하는 차의 운전사는 당신 자신이며 연료는 당신의 생각입니다. 그리고 액셀을 밟는 당신의 행동으로 차가 앞으로 나갑니다. 이 차는 아쉽게도 자율주행시스템이 없어서 당신이 계속 운전대를 잡고 액셀을 밟아야 합니다.

물론 피곤하면 도중에 쉬어도 됩니다. 때로는 연료 보급도 해야겠죠. 하지만 당신 대신에 운전대를 잡아줄 사람은 없습니다. 그래서 계속 움직여야만 합니다.

행동한다고 해도 곧장 성과가 나오는 경우는 많지 않습니다. 예를 들어 천재가 아닌 이상 고3 여름방학 때까지 동아리 활동에 매진하던 학생이 대학입시 공부를 시작한다고 해서 앞서 공부해왔던 학생들을 바로 따라잡을 수는 없습니다.

하지만 영어 단어를 하나씩 외우는 등 작은 행동이 쌓이면 큰 힘을 발휘하게 되고 합격이라는 성과를 거머쥘 수 있습니다.

'이런 작은 행동으로는……'이라고 생각하는 마음도 알겠지만 작은 행동조차도 실행에 옮기지 못하는 사람이 큰일을 이룰 거라고 기대하기는 힘듭니다.

그래서 여기서는 작은 행동을 쌓아갈 수 있는 사람으로 만들어주는 '인정하기' 과제를 제시하겠습니다. 사람은 누군가에게 인정을 받으면 더욱더 의욕이 생깁니다. 그럼 누가 누구를 인정하는 걸까요? 5일째 사즉실행을 행동으로 옮긴 당신 자신을 인정하는 것입니다.

'뭐라고요? 자신이 자신을 인정한다고요?' 하고 의아해할지도 모르지만 인정해도 됩니다. 자신을 인정하는 힘을 '자인력自認力'이라고 합니다.

어찌 됐든 자신을 위해 노력했으니 부끄러워 말고 행동으로 옮긴 자신을 인정합시다. '이런 사소한 일에 자신을 인정해도 되는 건가?' 하고 저항감이 생길 수도 있습니다. 그럼 한 가지 물어보겠습니다. 자신을 인정할 수 있는 행동은 과연 어떤 거죠?

저항감이 생기는 이유는 지금까지 자신의 행동을 인정해본 경험이 없기 때문이 아닐까요? 오히려 그동안 '나는 왜 이 정도밖에 못 하지?' 하고 스스로를 부정해오지 않았나요? 그렇다면 이렇게 부정해서 얻은 게 무엇인가요?

자신을 계속 부정해서 만들어진 게 바로 당신 눈앞의 현실입니다.

당신은 이런 현실을 바꾸고 싶은 게 아닌가요? 그렇지 않다면 이 책을 사서 여기까지 읽지 않았을 테죠. 현실을 바꾸고 싶다면 오늘부터라도 자신을 부정하지 말고 인정하도록 합시다.

그럼 어떻게 자신을 인정하면 될까요? 먼저 Day05로 돌아가 세 가지 항목에 붉은 펜으로 별표를 쳐주세요. 페이지 전체에 별표를 그려도 됩니다. 시간적 여유가 된다면 Day01~04까지 모든 페이지에도 별표를 그려 넣고 '참 잘했어요'라는 말도 적읍시다.

자신에게 잘했다고 칭찬하는 일이 익숙하지 않겠지만 별표를 그려 넣을 때 어떤 기분이 드는지 오늘의 과제에 남깁시다.

오늘의 과제는 아래와 같습니다.

① Day05에서 실천한 세 가지 일에 별표를 그려 넣어주세요.

② 사즉실행을 실천한 뒤의 느낀 점과 별표를 그려 넣을 때의 기분을 다음 페이지에 적어주세요.

③ 오늘을 뒤돌아보고 좋았던 일을 다음 페이지에 세 가지 적어주세요.

④ 오늘을 뒤돌아보고 느낀 점이나 감상을 다음 페이지에 자유롭게 적어주세요.

그럼 내일 또 만나요.

Day 06

Date . . .

1. Day05에서 실천한 세 가지 일에 별표를 그려 넣어주세요.

2. 사즉실행을 실천한 뒤의 느낀 점과 별표를 그려 넣을 때의 기분을 적어주세요.

3. 오늘을 뒤돌아보고 좋았던 일을 세 가지 적어주세요.

①

②

③

4. 오늘을 뒤돌아보고 느낀 점이나 감상을 자유롭게 적어주세요.

Day 07

Week01 뒤돌아보기

일주일 동안 수고하셨습니다. 오랫동안 연수 프로그램에 종사해온 분이 이런 말씀을 들려줬습니다.

"배우기만 하고 실천하지 않는 사람이 80퍼센트이고, 배운 걸 써먹어 보는 사람은 20퍼센트 정도입니다. 그런데 배운 걸 일주일 이상 계속 활용하는 사람은 20퍼센트 중 10퍼센트밖에 되지 않아요. 다시 말해 백 명 중 두 명, 겨우 2퍼센트만이 배운 걸 일주일 동안 활용한다는 거죠."

이 글을 읽고 있다면 당신은 2퍼센트에 들었다는 의미입니다. 대부분은 변하고 싶다고 생각만 하고 행동으로 옮기지 않는 게 현실입니다.

하지만 당신은 다릅니다. 일주일 동안 매일 실행했습니다. 익숙하지 않은 일이기 때문에 대단하다고 생각합니다. '왜 이런 걸 써야 하지?' 하고 수백 번은 고민했을 겁니다. 그런데도 자신을 설득하는 소리에 귀를 닫고 여기까지 이어왔습니다.

제 말을 듣고 어쩌면 이런 생각을 할지도 모르겠네요.

'겨우 일주일인데 너무 수선 떠는 거 같은데? 노트에 글을 쓴다는 건 누구나 할 수 있는 일이잖아!'

하지만 이렇게 누구나 할 수 있는 일을 대부분이 하지 못합니다. 정확하게 말하면 하지 않는 거죠. 누구나 할 수 있는 일조차 하지 않는 사람이 어떻게 자신과 인생을 바꿀 수 있을까요?

세상에 나와 있는 모든 자기개발서가 '행동'의 중요성을 강조합니다. 아무리 지식이 많아도 일상에서 활용하지 못하면 자신과 인생을 바꿀 수 없습니다. 당신의 인생을, 당신 자신을 바꿀 수 있는 것은 당신이 유일합니다.

오늘의 테마는 일주일 '뒤돌아보기'입니다. 이 노트는 각 주의 마지막날에 일주일 동안을 뒤돌아보도록 짜여 있습니다. 이렇게 일부러 잠시 멈추고 뒤돌아보는 시간을 갖는 이유는 가고 있는 방향이 잘못되지 않았는지 확인하기 위함입니다.

예를 들어 학창 시절 봤던 모의고사에서 점수나 등급만 신경 쓰는 사람은 성적이 오르지 않습니다. 점수나 등급은 현재 자신의 실력을 알 수 있도록 도와주는 효과는 있지만 모의고사에서 더 중요한 것은 틀린 문제를 확인하는 일입니다. 왜 그런 실수를 했을까? 같은 실수를 반복하지 않으려면 어떻게 해야 할까? 이렇게 자신을 뒤돌아봐야 성장할 수 있습니다.

'매일 잠들기 전 노트를 쓴다'라고 하는 지금까지 인생에서 해보지 않은 일을 일주일 동안 시도했기 때문에 지쳤을지도 모르겠네요. 해보지 않은 일을 해본다는 것은 피곤한 일입니다.

반대로 피곤하지 않다면 자기 수준에서 할 수 있는 일만 했기 때문에 성장이 없었다고 말할 수 있습니다. 근육을 기르려면 근육통이 동반되어야 하듯이 눈에 보이지 않는 부분의 성장은 정신적인 피로를 거쳐야 합니다.

'근육을 기르고 싶지만 근육통은 싫어'라는 사람이 근육을 단련할 수 있을까요? 그럴 수는 없습니다. 마찬가지로 정신적인 피로를 경험하지 않고서는 성장을 기대할 수 없습니다.

먼저 일주일 동안 좋았던 일을 생각나는 대로 작성해주세요.

· 일주일 동안 노트 작성을 빠짐없이 했다.

· 기쁜 일이 20가지 이상 있었다.

· 출퇴근이 즐거웠다.

· 생각만 하고 있던 일을 실행에 옮겼다.

이상과 같이 좋았던 일을 생각해내서 글로 음미해봅시다.

좋았던 일을 작성한 후에는 '만약 다시 한번 이번 주가 주어진다면 어떻게 할 것인가?' 하고 자신에게 질문한 뒤 답변을 정리해봅시다.

아무리 완벽한 날을 보냈다고 해도 개선의 여지는 반드시 있습니다. '완벽해서 개선할 게 없다'면 당신의 인생은 더이상 성장할 여지가 없다고 판단해도 무방합니다.

정답과 오답은 없습니다. 생각나는 대로 작성해주세요.

오늘의 과제는 아래와 같습니다.

① Week01을 뒤돌아보고 좋았던 일을 다음 페이지에 생각나는 대로 적어주세요.

② 만약 다시 한 번 Week01이 주어진다면 어떻게 할 것인지 다음 페이지에 생각나는 대로 적어주세요.

③ 오늘을 뒤돌아보고 느낀 점이나 감상을 다음 페이지에 자유롭게 적어주세요.

그럼 내일 또 만나요.

Day 07

Date . . .

1. Week01을 뒤돌아보고 좋았던 일을 생각나는 대로 적어주세요.

2. 만약 다시 한 번 Week01이 주어진다면 어떻게 할 것인지 생각나는 대로 적어주세요.

3. 오늘을 뒤돌아보고 느낀 점이나 감상을 자유롭게 적어주세요.

memo

Week 02

문제점 명확히 하기

Day 08 일주일 동안의 목표 정하기

이제 2주째에 들어가겠습니다. 이번 주도 파이팅입니다. 이번 주도 마찬가지로 이루고 싶은 성과를 먼저 확인해주세요. 이루고 싶은 성과는 계속 바뀌어도 상관없습니다.

'한번 정한 건 바꾸면 안 된다'라고 생각하는 분은 심리적 저항감이 생길지도 모르겠네요. 하지만 그런 생각이 지금의 당신을 만든 셈입니다. 여기에 변화를 주면 지금까지와는 다른 인생을 살 수 있습니다.

당신의 인생이니 눈치 볼 필요 없습니다. 49일 동안은 지금까지와는 다른 행동을 해보는 겁니다.

아무튼 어제의 뒤돌아보기는 어땠나요? 특히 '만약 다시 한 번 Week01이 주어진다면……' 하고 자신에게 질문하는 건 어쩌면 처음 해보는 시도였을지도 모르겠네요.

뒤돌아보기를 하면 아무래도 하지 못한 일에는 후회가 생기기 마련이죠. 하지 못한 일은 어쩔 수 없습니다. 그렇다고 해서 방치하면 같은 문제가 반복해서 일어날 수 있습니다. 어제의 모의고사 예와 마찬가지로 '어떻게 하면 할 수 있을까?' 하고 대책을 생각해두면 같은 문제가 일어났을 때 대처할 수 있습니다.

대처법이 있으면 문제를 해결할 가능성이 높지만 그럼에도 여전히 해결할 수 없는 일이 생길 수도 있습니다. 그렇다면 또 '만약 다시 한 번 한다면……'을 질문하고 다른 해결책을 찾으면 됩니다. 문제는 당신을 성장시키기 위해 존재합니다. 반대로 말해 아무 문제가 없으면 성장하지 않고 있다는 의미입니다.

이번 주 테마는 '문제점 명확히 하기'입니다. 문제 인식이 없으면 해결의 실마리를 찾을 수 없고 해결하지 못하면 성장을 기대할 수 없습니다.

그럼 문제가 발생하는 이유는 뭘까요? 저는 문제를 다음과 같이 정의합니다.

문제란, '이상과 현실의 차이.'

이상만 생각하고 행동하면 반드시 현실과의 차이가 발생합니다. 그 차이를 행동으로 하나씩 메워가면 이상에 근접할 수 있습니다. 만약 '문제가 발생하지 않는다'거나 '문제가 보이지 않는다'

면 '이상이 실현된 것'이거나 '이상이 없는 것' 둘 중 하나입니다.

'인생이 만족스럽지 않아……'라고 생각한다면 현실이 이상적인 인생이 아니기 때문입니다. 그럼 당신의 삶에서 이상적인 인생을 저해하는 요인은 무엇인가요? 그 점을 명확히 밝혀서 해결해나가면 이상적인 인생을 실현할 수 있습니다.

인생이라는 큰 틀에서 생각하면 너무 어렵기 때문에 일단 일주일 동안의 목표를 설정하는 게 오늘의 과제입니다. 그리고 그 목표를 이루기 위한 문제점은 내일 살펴보기로 합시다.

오늘 세울 목표에는 한 가지 조건이 있습니다. 즉 반드시 '일주일 후 달성할 수 있는 것'이어야 합니다. 만일 일주일 후에 당신이 목표를 달성하면 자신의 행동으로 목표를 이뤄 미래를 현실화하는 데 성공하는 셈입니다.

다만 '매일 양치질하기' 등과 같이 이미 달성한 목표는 안 됩니다. 이미 이룬 목표는 설정해봐야 성장에 아무런 영향을 미치지 못하기 때문입니다.

예를 들면 다음과 같습니다.

· 못 보고 미루고 있던 영화 세 편 보기
· 10킬로미터 달리기
· 남들 앞에서 이야기할 기회 세 번 만들기

지금까지 해보지 못한 일 중에서 일주일 동안 이룰 수 있는 목표를 설정하고 반드시 달성해봅시다. 몇 개라도 상관없습니다. 무리하지 않는 수준에서 설정해주세요.

오늘의 과제는 아래와 같습니다.

① 일주일 동안 이룰 수 있는 목표를 설정하고 다음 페이지에 적어주세요.

② 오늘을 뒤돌아보고 좋았던 일을 다음 페이지에 세 가지 적어주세요.

③ 오늘을 뒤돌아보고 느낀 점이나 감상을 다음 페이지에 자유롭게 적어주세요.

그럼 내일 또 만나요.

Day
08

Date . . .

1. 일주일 동안 이룰 수 있는 목표를 설정하고 적어주세요. (하나도 괜찮습니다.)

2. 오늘을 뒤돌아보고 좋았던 일을 세 가지 적어주세요.

①

②

③

3. 오늘을 뒤돌아보고 느낀 점이나 감상을 자유롭게 적어주세요.

Day 09 목표달성을 위한 문제점 파악하기

어제 세운 목표는 얼마나 진척이 있었나요? 제가 지금까지 만나본 사람들 중에는 하루 만에 달성했다는 분도 있었습니다. 물론 달성했다는 점에서 칭찬받을 일이지만 '목표가 쉬웠다'는 생각도 감출 수 없네요.

반대로 '아무것도 못했어요'라는 분도 제법 많았습니다. 이유는 아직 하루밖에 지나지 않았고, 또 '어렵지 않게 달성할 수 있는 목표니까 서두르지 않아도 된다'라고 생각한 거죠.

하지만 일주일 후에는 달성하지 못한 사람이 반드시 나옵니다.

· 급한 출장이 생겨서 시간이 없었어요.

· 감기에 걸려서 누워 지냈어요.

· 아이를 재우고 나서 하려고 했는데 같이 잠들어버렸어요.

이유가 어찌 됐든 반드시 달성할 수 있는 일을 목표로 삼았음에도 달성하지 못한 것입니다. 제가 강의를 할 때는 이런 사람이 생길 수 있다고 사전에 염두에 두고 중간에 확인을 합니다만 이번은 당신이 달성을 했는지 여부를 제가 실시간으로 확인할 수 없습니다. 그래서 달성하지 못하는 요인을 미리 알려드릴 테니 당신은 같은 전철을 밟지 않았으면 합니다.

앞 페이지로 돌아가 다시 한 번 목표를 확인해주세요. 어떤 문제가 생겨도 달성할 수 있는 목표임을 자신하나요? 예를 들어 감기에 걸려 몸이 안 좋아도 달성할 수 있나요? 급한 용무가 생겨도 달성할 수 있나요? 아이와 함께 깜박 잠들어도 달성할 수 있는 목표인가요?

이상하게 새로운 시도를 하면 '반드시'라고 해도 좋을 정도로 예상하지 못한 문제가 생깁니다. 컨디션 난조가 그 전형적인 예입니다. 몸이 안 좋아도 달성할 수 있는 목표인지 확인해주세요.

당신은 과거에도 몇 번이고 목표를 세우고 숱하게 도전해봤을 겁니다. 하지만 대부분은 달성하지 못해서 낙담하고 분했을 테죠. 어쩌면 '이제 이런 쓴맛은 보고 싶지 않아!' 하고 목표 세우기가 꺼려졌을지도 모릅니다. 그러나 당신은 자신을 포기하지 않았습니다. 왜냐하면 이 책을 매일 펼쳐보고 있기 때문입니다. 만약 목표를 너무 쉽게 달성해왔다면 이 책에 끌리지 않았을 테고 혹여 끌렸다고 해도 여기까지 과제를 수행하지 않았을 겁니다.

혹시 당신의 마음속에 '목표=달성할 수 없는 것'이라는 방정식이 있지 않나요? '목표=달성할 수 있는 것'으로 바꾸는 게 이 노트 작성의 역할 중 하나입니다. 책에서 제시하는 과제 중에 당신이 못 할 것은 하나도 없습니다. 단 마지막까지 끝내지 않고 중도에 포기하면 그 방정식은 바꿀 수 없습니다.

오늘의 과제는 남은 6일 동안 일어날 문제를 예측하고 준비를 하는 것입니다. 예를 들어 '갑자기 식사 초대를 받았다'라는 문제가 생겼다고 상정해봅시다. 지금까지는 식사 초대를 우선시했을지 모르겠네요. 하지만 정말로 우선시해야 할 일이 식사 초대일까요? 아닙니다. 정말로 바뀌길 바란다면 '바뀌고 싶은 자신'이 구축해온 인맥의 유혹을 꿋꿋이 떨쳐내고 목표 달성을 우선시해야 합니다. 많은 사람이 어려워하는 문제입니다. 그렇지만 사전에 문제를 예측하고 해결책을 준비해서 실천하면 문제를 극복할 가능성이 높아집니다.

보통 문제가 발생하면 그 대응을 우선시합니다. 그리고 우선순위가 높으면 목표를 잊고 맙니다. 앞서 언급했지만 목표를 달성하지 못하는 가장 큰 이유는 '망각'입니다. 잊지 않기 위해서라도 예측과 준비가 필요합니다.

문제와 해결책이 나왔으면 '만약'으로 시작하는 한 문장으로 정리합시다. 식사 초대 사례를 예로 들면 다음과 같습니다.

만약 식사 초대를 받으면 '선약이 있다'고 거절한다.

이런 문장을 가능한 한 많이 만들어봅시다. 순서는 먼저 일어날 수 있는 문제들을 예상한 뒤에 각각의 해결책을 생각합니다. 그리고 한 문장으로 정리하면 됩니다.

오늘의 과제는 아래와 같습니다.

① 목표달성에 있어 일어날지도 모르는 문제와 그 해결책을 다음 페이지에 적어주세요.
② ①에서 생각해낸 문제와 해결책을 '만약'으로 시작하는 한 문장으로 정리해서 다음 페이지에 적어주세요.
③ 오늘을 뒤돌아보고 좋았던 일을 세 가지 적어주세요.
④ 오늘을 뒤돌아보고 느낀 점이나 감상을 다음 페이지에 자유롭게 적어주세요.

그럼 내일 또 만나요.

Day
09

Date . . .

1. 목표달성에 있어 일어날지도 모르는 문제와 그 해결책을 적어 주세요.

2. 1에서 생각해낸 문제와 해결책을 '만약'으로 시작하는 한 문장으로 정리해서 적어주세요.

3. 오늘을 뒤돌아보고 좋았던 일을 세 가지 적어주세요.

①

②

③

4. 오늘을 뒤돌아보고 느낀 점이나 감상을 자유롭게 적어주세요.

Day 10

실패 패턴 찾기

어제는 '어쩌면 일어날지도 모르는 문제'에 준비하는 시간을 가졌습니다. 이제 문제가 일어나든 일어나지 않든 목표를 달성할 수 있습니다. 그럼에도 생각하지 못한 문제가 발생한다면 '문제 예측력 부족'입니다. 다만 일어날 수 있는 문제를 다각도로 생각해봤더니 아무래도 달성하지 못할 것으로 판단되면 어떡할까요? 생각보다 간단합니다. 그냥 목표를 바꾸면 돼요.

여기서 질문 하나 드리겠습니다.

Day08에서 작성한 목표를 지금 바로 말할 수 있나요? 바로 말할 수 있다면 기억하고 있는 것이지만 그렇지 않다면 '기억하고 있지 않다', 즉 '망각'한 것입니다.

몇 번이고 말씀드리지만 목표를 달성하지 못하는 이유는 '망각'입니다. 기억하지 못하기 때문에 행동하지 못하는 것이고 행동하지 못하기 때문에 달성하지 못하는 것입니다. 문장으로 보면 너무나 당연한 말이지만 우리들은 어느새 잊어버립니다.

'별똥별을 보고 3초 이내에 소원을 빌면 이루어진다'는 이야기가 있습니다. 어쩌면 자신의 마음속에 소원을 항상 간직하고 있기 때문에 가능한 이야기가 아닐까요? 우리들은 어떤 일을 하든 잊는 것을 전제로 삼아야 합니다. 이 책에서는 잊지 않기 위한 방법, 기억하기 위한 방법을 틈틈이 제시하고 있습니다.

오늘 과제의 테마는 '자신의 실패 패턴 찾기'입니다. 다음을 읽어보면 실패 패턴이 사람마다 비슷함을 알 수 있습니다.

· 목표를 세워도 잊어버리고 만다.

· 시작부터 지나치게 힘을 써서 금방 지치고 정신차려보면 하지 않고 있다.

· 남의 칭찬이 목적이 되어버렸다.

· 컨디션 난조가 많다.

· '그렇게 열심히 하지 않아도 되잖아?'라는 말에 넘어간다.

· 정해둔 일정을 잊고 계획을 세운다.

먼저 자신이 어떤 실패 패턴을 갖고 있는지 천천히 시간을 두고 생각해봅시다. 패턴화되었다는 것은 앞으로도 일어날 가능성이 크다는 의미입니다.

하지만 당신은 대처법을 이미 배웠습니다. 바로 '만약 다시 한 번 한다면……'이라는 Day07에서 했던 질문입니다. 지금의 당신은 과거의 실패했던 자신보다 더 성장했습니다. '지금의 나라면 당시의 실패에 대해 이렇게 대응했을 것이다'라고 하는 대처법을 생각해두기 바랍니다.

과거의 실패를 그대로 방치하면 정말로 실패로 끝납니다. 그러나 과거의 실패에서 얻은 경험과 지식을 살려서 성공의 밑거름으로 삼는다면 '과거의 실패는 성공을 위해 필요했던 것'이 됩니다.

분명 실패를 떠올리는 건 괴로운 일입니다. 하지만 당신은 실패를 그대로 내버려둔 자신을 바꾸고 싶은 게 아닌가요? 실패를 발판 삼아 자신을 바꾸고 싶다면 괴로워도 실패와 당당히 마주서야 합니다.

과거의 실패는 앞으로의 미래를 위해 활용해야 할 교재입니다. 당신의 실패를 모조리 찾아서 지금이라면 어떻게 대응할지 생각해봅시다.

성공하면 돈과 명예가 따릅니다. 하지만 실패해도 성장과 배움을 얻을 수 있습니다. 즉 행동하면 성공하든 실패하든 결과물이

나올 테고 어느 쪽이든 얻는 게 있습니다.

실패가 두려워 아무것도 하지 않으면 실패는 없지만 성공도 없고 무엇보다 실패로 얻을 수 있는 성장과 배움도 없습니다. 성장이 없는 미래는 쇠퇴가 있을 뿐입니다.

과제로부터 도망쳐 쇠퇴하는 자신을 선택할지 아니면 실패에 맞서고 성장하는 자신을 선택할지는 당신의 자유입니다. 다만 그 선택으로 당신과 당신의 인생이 좌우됨을 명심하기 바랍니다.

오늘의 과제는 아래와 같습니다.

① 과거의 실패를 떠올리고 지금의 자신이라면 어떻게 할지 다음 페이지에 적어주세요.
② 공통된 실패 패턴을 찾아서 다음 페이지에 적어주세요.
③ 오늘을 뒤돌아보고 좋았던 일을 다음 페이지에 세 가지 적어주세요.
④ 오늘을 뒤돌아보고 느낀 점이나 감상을 다음 페이지에 자유롭게 적어주세요.

그럼 내일 또 만나요.

Day 10

Date . . .

1. 과거의 실패를 떠올리고 지금의 자신이라면 어떻게 할지 적어주세요.

2. 공통된 실패 패턴을 찾아서 적어주세요.

3. 오늘을 뒤돌아보고 좋았던 일을 세 가지 적어주세요.

①

②

③

4. 오늘을 뒤돌아보고 느낀 점이나 감상을 자유롭게 적어주세요.

Day 11

현상유지 메커니즘

10일이 지나고 11일째가 되었습니다. 어제와 그제 이틀 동안 일어날 수 있는 문제점을 점검하고 대책도 세웠으므로 이번 주 계획했던 목표달성을 향해 순조롭게 진행 중이라고 생각합니다.

오늘 과제의 테마는 '현상유지 메커니즘'입니다. 행동이 멈추는 문제의 정체는 현상유지 메커니즘입니다. 당신이 '성공하고 싶어', '목표를 이루고 싶어', '자신을 바꾸고 싶어'라고 생각해도 또 다른 자신이 당신을 변화에서 지키기 위해, 즉 현상을 유지하기 위해 여러 가지 문제를 등장시켜 시험에 들게 합니다.

강좌 수강자의 사례를 하나 소개하겠습니다. 강좌 기간 중에 금연에 도전한 남성이 있었습니다. 하루에 20개비 이상 피우고 있었기 때문에 건강을 위해 끊으려고 늘 생각해왔다고 합니다.

그런데 금연을 시작하자 직장에서 함께 담배를 피우던 동료들이 '금연은 내일부터 하는 건 어때요?'라든지 '어차피 다시 피울 거잖아요!'라며 온갖 유혹을 해왔다고 합니다. 그럼에도 그는 계속 거절했는데 2주가 지난 후 회의에서 아이디어가 막혀 '회의실에는 좋은 생각이 떠오르지 않으니 담배나 피면서 생각해봅시다'라는 제안이 나왔고 결국 정신 차리고 보니 담배를 물고 불을 붙이고 있더라는 겁니다.

아이디어를 생각하는 데 정신이 팔려 금연 중이라는 사실을 잊은 거죠. 그러다가 담배에 불을 붙이는 순간 깨달았지만 '앗! 여태 잘 참았는데…… 에라 모르겠다'라고 생각한 그는 그날 몇 개비 더 피웠다고 합니다.

저는 담배를 피워본 적이 없기 때문에 그 기분을 모르지만 '역시 이 맛이야. 왜 금연한다고 했을까' 하고 새삼 감격했다고 합니다. 하지만 이런 기분은 오래가지 못했고 자신과의 약속을 어겼다는 생각에 낙담한 나머지 그날 밤 제게 담배를 피웠다고 알려왔습니다.

"그게 바로 현상유지 메커니즘이에요. 그동안 하루에 20개비 이상 피웠기 때문에 무의식중에 익숙해져 있었던 거죠. 금연하는 2주 동안 어떻게든 피우려고 이런저런 핑계를 스스로 만들고 있었던 겁니다.
오늘 몇 개비나 피웠나요? 다섯 개비 정도? 그렇다면 최근 2주 동안 280분의 5, 그러니까 56분의 1까지 견딘 거예요. 아주 잘했어요. 담배를 피우는 건 괜찮아요. 하지만 계속 담배를 피웠을 때의 단점과 담배를 끊었을 때의 장점 중 어느 쪽을 선택할 것인지 그건 당신이 정할 문제입니다."

"사실 다시 담배를 피웠을 때는 좋았어요. 하지만 결국 아이디어도 안 나왔고, 무엇보다 자신과의 약속을 어겼다는 사실에 실망이 너무 컸죠. 어째서 그 순간 금연하고 있다는 사실을 잊은 걸까요……."

"저지른 일은 어쩔 수 없습니다. 이번 일로 현상유지 메커니즘을 배웠고 '만약 다시 한 번 한다면……'으로 대책을 세워 같은 일을 반복하지 않는 게 중요해요. 갑자기 끊은 것도 분명 원인일 거예요. 처음에는 하루에 한 개비만 피우기로 하다가 성공하면 일주일에 세 개비까지라는 식으로 서서히 피우는 수량을 조절하는 것도 방법일 수 있어요."

결과적으로 그는 강좌가 끝나고 두 달 후에 금연에 성공했습니다. 피우지 않는 것을 선호하는 또 다른 자신에 익숙해진 거죠.

그럼 여기서 의문이 생겼을지 모르겠습니다. '왜 실패할 걸 알면서도 처음부터 서서히 줄여가도록 조언해주지 않았나요?'

이유는 간단합니다. 스스로 깨닫게 하기 위해서입니다. 미리 '현상유지 메커니즘이 작동할 겁니다' 하고 알려주면 실질적으로 배우지 못합니다.

사람은 실패를 반복하면서 성장합니다. 실패는 어쩔 수 없는 일입니다. 자신의 인생을 뒤돌아보세요. 성공보다는 실패에서 더 많이 배웠을 겁니다.

당신에게도 이 수강자와 같은 일이 일어날지 모릅니다. 행동이 멈추는 이유는 의지가 약하기 때문이 아닙니다. 또 다른 자신의 현상유지 메커니즘이 작동했기 때문입니다. '역시 나는 안 돼' 하고 실망하지 말고 '만약 다시 한번 한다면 어떻게 할 것인가' 하는 질문을 스스로 해보기 바랍니다.

그럼 오늘의 과제입니다.

① 지금까지 인생에서 현상유지 메커니즘이 작동한 사례를 생각해서 다음 페이지에 적어주세요.

② 오늘을 뒤돌아보고 좋았던 일을 다음 페이지에 세 가지 적

어주세요.

③ 오늘을 뒤돌아보고 느낀 점이나 감상을 다음 페이지에 자유롭게 적어주세요.

그럼 내일 또 만나요.

Day 11

Date . . .

1. 지금까지 인생에서 현상유지 메커니즘이 작동한 사례를 생각해서 적어주세요.

<예> 매일 일기를 쓰기로 했는데 회식하느라 귀가가 늦어져 빼먹었다. 그 날 이후 일기를 쓰지 않게 되었다.

2. 오늘을 뒤돌아보고 좋았던 일을 세 가지 적어주세요.

①

②

③

3. 오늘을 뒤돌아보고 느낀 점이나 감상을 자유롭게 적어주세요.

Day 12

당신이 생각하는 '세상의 문제'는?

이번 주도 3일 남았네요. 목표달성은 계획대로 진척되고 있나요? 아직 3일 남았으니 괜찮다고 생각할지 모르겠지만 하루나 이틀 전에 끝낸다는 생각으로 진행하면 '여유롭게 목표를 달성하는 자신'이 될 수 있습니다.

어제는 과거를 돌이켜보고 자신에게 어떤 현상유지 메커니즘이 있는지 자각했으리라 생각합니다. 현상유지 메커니즘은 일상행동으로 길들일 수 있습니다.

예를 들어 다이어트 후 많은 사람에게 찾아오는 리바운드를 현상유지 메커니즘의 관점에서 생각해봅시다. 다이어트에 성공해도 현상유지 메커니즘은 살이 빠진 상태에 익숙하지 않기 때문에 위기를 느끼고 원래대로 돌아가려고 합니다. 이것이 바로 리바운드입니다.

'이만큼 뺐으니까 좀 먹어도 괜찮겠지', '열심히 한 나에게 주는 선물이야' 하고 달콤한 악마의 속삭임이 귓전을 맴돕니다. 그러다가 속삭임에 설득당해 다이어트를 할 때보다 폭식하고 결국 리바운드가 찾아오는 거죠.

그럼 어떻게 하면 될까요? 체중 줄이기를 목표로 삼지 말고 현상유지 메커니즘이 작동할 것을 고려해서 목표 체중을 유지하는 기간을 설정하면 됩니다. 체중 감량은 중간 목표에 해당하고 진짜 목표는 체중을 줄인 후 유지하는 것입니다. 현상유지 메커니즘을 인지하고 있으면 목표설정도 달라지고 목표달성을 위한 행동도 달라집니다.

오늘부터는 과제 내용이 바뀝니다. 지금까지는 자신만 생각했다면 이제는 시야를 단숨에 넓혀서 세상사까지 확대해서 생각해 보도록 합니다.

'내 일만으로도 벅찬데 세상사까지 고민해야 해요?', '내가 아니라도 각국의 지도자들이 알아서 하잖아요?'라고 생각할지도 모르겠네요.

우리는 이 세상에 살고 있으면서도 자신과 동떨어진 곳의 문제는 나와 무관하다고 생각하기 일쑤입니다. 이 세상일은 돌고 도는데 자신 위주로밖에 생각하지 못하는 사람이 대부분입니다.

때문에 분쟁이 일어나는 것입니다.

만약 세상 사람들 모두가 세상사를 자기 일처럼 생각하면 분쟁도 없고 서로 돕는 세상을 만들 수 있습니다. 물론 현실적으로는 생각만 한다고 뾰족한 수가 생기는 건 아닙니다.

그렇다고 남에게만 맡기면 영원히 해결되지 않을지 모릅니다. '불가능하니까 하지 않는다'가 아니라 가능한 일을 찾아서 하면 된다는 사고의 전환이 필요합니다. 제가 할 수 있는 일을 생각해 보면 사람들에게 '세상에서 일어나는 일에 관심을 가집시다!' 하고 과제를 제시하고 답변을 받는 것입니다.

저는 세상사를 고민하는 사람이 많아지면 '언젠가는 강 건너 불구경하는 사람이 사라지고 전 인류가 서로 돕고 위하는 세상이 된다'라고 믿습니다.

우리들의 신체는 신비롭게도 자신이 아니라 타인을 위할 때 더 큰 힘이 발휘되도록 프로그래밍되어 있습니다.

한 가지 실험을 해봤으면 합니다. 누군가 상대를 찾아서 팔씨름을 해봅니다. 이때 '나는 내 일만 열심히 하겠습니다'라고 할 때와 '나는 세상을 위해서 열심히 하겠습니다'라고 할 때 중 어느 쪽이 더 힘이 들어가는지 상대방에게 알려달라고 해보세요. 자신보다 세상을 위한다고 할 때 더 큰 힘이 느껴진다고 말할 것입니다.

그리고 과제를 작성할 때는 시간을 많이 들일 필요 없습니다. 1분이면 족합니다. 생각하면 생각할수록 여러 가지 문제가 떠오를 것입니다. 많이 생각해야 떠오르는 문제는 평소에 자신의 머릿속에 있는 문제가 아닙니다. 당신이 생각하는 문제들을 1분 안에 떠오르는 대로 적어주세요.

한 가지 주의할 점으로 답변할 때는 '내가 생각하기에는'이라는 말로 시작해주세요. 당신은 문제라고 생각해도 다른 사람에게는 문제가 아닐 수 있기 때문입니다. 이번 과제는 어디까지나 '당신이' 생각하는 문제입니다.

그럼 오늘의 과제는 아래와 같습니다.

① 타이머를 1분으로 맞춰놓고 당신이 생각하는 세상의 문제를 다음 페이지에 '내가 생각하기에는'으로 시작하는 문장으로 적어주세요.

② 오늘을 뒤돌아보고 좋았던 일을 다음 페이지에 세 가지 적어주세요.

③ 오늘을 뒤돌아보고 느낀 점이나 감상을 다음 페이지에 자유롭게 적어주세요.

그럼 내일 또 만나요.

Day 12

Date . . .

1. 타이머를 1분으로 맞춰놓고 당신이 생각하는 세상의 문제를 적어 주세요.

   <예> 내가 생각하기에는 인류 전체가 세상의 문제를 고민하지 않는 게 문제다.

2. 오늘을 뒤돌아보고 좋았던 일을 세 가지 적어주세요.

   ①

   ②

   ③

3. 오늘을 뒤돌아보고 느낀 점이나 감상을 자유롭게 적어주세요.

Day 13

문제를 방치하면 어떻게 되나요?

이번 주도 이제 2일 남았습니다. Day08에서 설정한 목표는 달성하셨나요? 달성했다면 별표를 치고 '참 잘했어요'라고 적어주세요. 예전에 강의하면서 이 단계에서 '만약 아직이라면 내일은 달성할 수 있도록 목표를 최우선해주세요' 하고 달성하지 못한 수강자에게 이야기했더니 다음과 같은 반응을 보이는 분이 있었습니다.

'내일 출장이 잡혀버렸네요…….'

'내일 가족과의 약속이 생겨서요…….'

물론 다른 약속이나 일정이 생길 수 있습니다. 하지만 그 약속을 잡은 사람은 바로 자신이잖아요? 다른 약속을 우선하는 것은 스스로 '바뀌지 않겠다'를 선택하는 것과 다름없습니다.

현상유지 메커니즘은 당신이 바뀌지 않도록 앞질러 문제를 일으킵니다. 재미있죠? 애초에 그렇게 될 것을 예상하고 Day09에서 문제와 해결책을 강구했습니다. 그리고 Day10에서는 목표를 바꿔도 된다고 말씀드렸습니다. 만약 지금 이 시점에서 달성 불가능한 상황이라면 이 책을 꼼꼼히 읽지 않았거나 알고서도 방치했거나 둘 중 하나입니다.

아직 시간이 있습니다. 오늘 과제를 마친 후에 바로 실천하면 됩니다. 자신이 정한 목표가 얼마나 절실한지는 현상유지 메커니즘으로 판가름 납니다.

반대로 이미 달성했다면 여기까지 말씀드린 내용은 상관할 바 아니라고 생각하겠죠. '이미 달성했는데 왜 그렇지 못한 사람들에게 하는 말을 들어야 하지?' 하고 생각할지도 모르겠습니다.

옛날 사람들은 '반면교사'라는 격언으로 교훈을 남겼습니다. 현상유지 메커니즘이 어떤 식으로 모습을 드러내는지 이 사례로 알아줬으면 합니다.

제가 쓰는 문장량은 1일 단위로 정해져 있습니다. 실은 더 많이 알려드리고 싶지만 할애된 페이지를 생각하면 모든 내용을 실을 수가 없습니다. 그래서 정말로 필요한 내용만 간추려서 말씀드리고 있습니다. 쓸데없는 말은 하나도 없다고 자부합니다.

그러므로 '나랑 상관없어'라는 생각은 말아주세요. 당신도 같은 경험을 해봤을 테고 앞으로도 일어날 수 있는 일입니다. 아는 게 힘이죠. 목표 설정이나 일정을 짜는 방식도 달라지고 성공률이 더 높은 목표를 세우는 데도 도움이 됩니다.

그럼 오늘의 과제에 대해서 알아보겠습니다. 어제는 '당신이 생각하는 세상의 문제'를 적어봤습니다. 다양한 사람들로부터 답변을 받아봤는데 대부분 내용이 비슷했습니다. 특히 많았던 내용을 다섯 가지로 정리하여 소개하겠습니다.

· 핵전쟁이 일어날 수도 있다.
· 빈부격차가 심하다.
· 자연 파괴로 온난화가 급격히 진행되고 있다.
· 인종차별이 멈추지 않는다.
· 삶에 희망이 없다는 사람이 많다.

당신도 비슷한 문제를 지적했는지 모르겠네요. 그럼 당신이 지적한 문제를 해결하지 않고 그대로 방치하면 미래가 어떻게 될까요? 여기에 답변하는 게 오늘의 과제입니다.

우리가 지금 살아갈 수 있는 이유는 많은 선조들이 남겨준 유산 덕분입니다. 선조들에게 받은 유산을 다음 세대에게 물려주는 일이 오늘을 사는 우리들이 가져야 할 사명 중 하나입니다.

그런데 이런 생각을 하면서 일상을 보내는 사람이 얼마나 될까요? 다들 살기 바빠서 먼 훗날의 일까지 걱정하기 힘듭니다. 하지만 저와 당신은 이렇게 과제를 통해 이 순간만큼은 우리 아이들의 미래를 생각하는 시간을 갖게 되었습니다.

이렇게 사람들의 동참을 이끌어내는 게 문제해결을 위해 제가 할 수 있는 일 중 하나입니다.

그럼 오늘의 과제는 아래와 같습니다.

① Day12에서 당신이 생각한 문제를 해결하지 않고 그대로 방치하면 미래는 어떻게 될까요? 타이머를 3분으로 맞춰놓고 다음 페이지에 당신이 생각하는 미래를 '내가 생각하기에는'으로 시작하는 문장으로 적어주세요.

② 오늘을 뒤돌아보고 좋았던 일을 세 가지 적어주세요.

③ 오늘을 뒤돌아보고 느낀 점이나 감상을 다음 페이지에 자유롭게 적어주세요.

그럼 내일 또 만나요.

Day 13

Date . . .

1. Day12에서 당신이 생각한 문제를 해결하지 않고 그대로 방치하면 미래는 어떻게 될까요? 타이머를 3분으로 맞춰놓고 당신이 생각하는 미래를 '내가 생각하기에는'으로 시작하는 문장으로 적어주세요.

2. 오늘을 뒤돌아보고 좋았던 일을 세 가지 적어주세요.

①

②

③

3. 오늘을 뒤돌아보고 느낀 점이나 감상을 자유롭게 적어주세요.

Day 14 Week02 뒤돌아보기

2주째도 수고하셨습니다. Day08에서 세운 목표는 달성하셨으리라 생각합니다. 목표를 달성했다는 것은 '글로 표현한 생각을 현실화했다'는 의미입니다. 진심으로 축하드립니다.

그런데 이렇게 말씀드려도 순순히 받아들이지 못하는 분이 많습니다. 왜냐하면 Day08에서 세운 목표에는 '반드시 달성할 수 있다'라는 조건이 있었기 때문입니다. '반드시 달성할 수 있는 목표'을 달성한 거니 현실화는 당연하잖아요 하고 생각할지도 모르겠네요.

이번 주 과제의 의도는 현상유지 메커니즘에 익숙해지는 것입니다. 지금까지 당신의 현상유지 메커니즘은 '목표=달성할 수 없는 것, 생각=현실화할 수 없는 것'이라는 패턴이었습니다. 이를 '목표=달성할 수 있는 것, 생각=현실화할 수 있는 것'으로 바꿔 갈 계획입니다.

현상유지 메커니즘이 '목표=달성할 수 있는 것'으로 바뀌면 달성이 어려운 상황에 직면해도 현상유지 메커니즘이 작동하여 달성 가능한 방향으로 이끌어줍니다.

오랫동안 몸에 익은 현상유지 메커니즘을 49일 동안 완전히 바꿀 수는 없습니다. 하지만 서서히 경험치를 늘려가면 언젠가는 반드시 바뀝니다.

'도대체 언제 바뀌죠? 언제인지 알면 더 의욕적으로 할 수 있을 것 같아요. 언제 이룰 수 있는 건지 모르면 의욕이 생기지 않아서 열심히 할 수 없어요' 하고 어떤 수강생이 물었습니다. 어쩌면 당신도 같은 생각인지 모르겠지만 언제 이룰 수 있는지 모르기 때문에 의욕이 생기지 않는 게 아닙니다. 바뀌고 싶지 않기 때문에 현상유지 메커니즘이 바뀌지 않기 위한 이유를 만들어냈고 거기에 설득당한 것입니다.

우리는 정답이 미리 준비된 환경에서 자랐습니다. 그래서 누군가가 정답을 준비해주는 것이 당연하며 정답이 준비되어 있지 않으면 불안과 초조를 느끼고 때로는 상대를 위협해서라도 정답을 얻으려고 합니다.

그런 생각의 버릇을 바꾸려면 스스로 미래를 설계하고 스스로의 행동으로 현실화하는 경험을 쌓아가는 수밖에 없습니다. 일단은 반드시 달성할 수 있는 일부터 시작해서 서서히 난이도를 높여가면 됩니다.

다음 주 이후에는 일주일 동안의 목표를 과제로 내지는 않겠지만 스스로 미래를 설계해서 목표를 달성하고 '생각은 현실화할 수 있는 것'이라는 경험을 쌓아가기 바랍니다.

만약 목표를 달성하지 못하더라도 낙담해서는 안 됩니다. '내가 잘못 생각했어' 하고 인지하는 것은 아주 큰 수확입니다. 난이도를 낮춰도 괜찮으므로 다음 주도 계속 도전해주세요. 실패는 성공의 어머니입니다. 이번 주의 실패를 교훈 삼아 다음 주에 성공하면 이번 주의 실패는 성공을 거두게 해준 고마운 경험이 되는 것입니다.

실패에 낙담하고 다시 도전하지 않으면 어떻게 될까요? '나는 실패하면 다시 일어서지 않는다'라고 하는 현상유지 메커니즘을 가동시키는 꼴이 됩니다. 다시 도전해서 성공하면 '나는 실패해도 그 실패를 살려서 성공으로 바꾼다'라고 하는 현상유지 메커니즘을 만들 수 있습니다. 어떤 현상유지 메커니즘을 창조해갈 것인가는 당신의 자유입니다.

이번 주 후반에는 당신이 생각하는 세상의 문제를 작성하도록 했습니다. 세상에서 일어나는 일들을 생각하는 시간을 충분히 가지셨나요? 혹시 잊어버린 건 아니시겠죠?

우리는 세상의 일부입니다. 세상의 일부라는 것은 우리의 성장이 세상의 성장과 이어져 있다는 뜻입니다.

다음 주에는 세상과 당신의 연결고리를 심화하는 과제를 제시할 예정입니다. 3주째가 끝난 후 당신은 세상과의 연결고리가 더 욱더 굳건해졌음을 느낄 것입니다. 그 전에 2주째를 잘 돌아보고 3주째를 시작하기를 바랍니다.

오늘의 과제는 아래와 같습니다.

① Week02를 뒤돌아보고 좋았던 일을 생각나는 대로 다음 페이지에 적어주세요.

② 만약 Week02가 다시 한 번 주어진다면 어떻게 하겠습니까? 다음 페이지에 생각나는 대로 적어주세요.

③ 오늘을 뒤돌아보고 느낀 점이나 감상을 다음 페이지에 자유롭게 적어주세요.

그럼 내일 또 만나요.

Day
14

Date . . .

1. Week02를 뒤돌아보고 좋았던 일을 생각나는 대로 적어주세요.

2. 오늘을 뒤돌아보고 좋았던 일을 세 가지 적어주세요.

①

②

③

3. 오늘을 뒤돌아보고 느낀 점이나 감상을 자유롭게 적어주세요.

Week 03

세상과 나는 이어져 있다

Day 15

당신이 생각하는 이상적인 세상

3주째에 들어가기 전에 Day13에서 작성한 내용을 다시 한번 읽어주세요. 아마도 '인류 멸망'이나 '지구가 파괴되고 있다'와 같이 상상하기조차도 싫은 미래가 적혀 있지는 않은가요?

같은 질문을 아이들에게 해도 답변은 비슷합니다. 하지만 '이대로 가면 인류는 멸망한다'라는 위기감을 갖고 일상생활을 하는 사람은 거의 없습니다. 이렇게 말하고 있는 저 자신도 깜빡 잊고 사는 경우가 많습니다.

'인류는 위험한 방향으로 나아가고 있다'라고 생각은 하지만 어째서인지 남 일처럼 느껴져 자신과 무관하다고 여기는 사람이 대부분입니다. 자신의 일이라고 생각하지 않으니까 '누군가가 어떻게든 하겠지' 하고 근거 없는 기대를 갖고 팔짱을 낀 채 아무 일도 하지 않는 거죠.

'그럼 당신은 자신의 일로 여기고 있나요? 그럼 무슨 일을 하고 있죠?' 하고 지당한 질문을 하실지도 모르겠네요. 저는 책이나 강연 등을 통해 정보를 제공하고 '자신뿐만 아니라 세상일에도 관심을 갖자!'라고 외치고 있습니다.

당신은 3주째 도전을 이어가고 있습니다. 이미 세상에서 일어나고 있는 문제를 자신의 일로 받아드릴 준비가 되었다는 의미겠죠? 그렇지 않다면 지난주에 그만두고 여기까지 계속 읽지 않았을 테니 말이죠.

그렇다면 애초에 문제가 눈에 보이는 이유는 뭘까요? 다시 한번 말씀드리지만 문제란 이상과 현실의 차이입니다. 세상의 문제가 보인다는 것은 당신에게 '이상적인 세상의 모습이 있다'는 의미입니다. 만약 이상적인 세상의 모습이 없다면 현실과의 차이를 느낄 수 없습니다. 일반적으로 문제가 생기면 그 문제에 초점을 맞추기 마련입니다. 하지만 저는 문제해결 후에 찾아올 이상이 어떤 모습인지 가능한 한 명확히 가늠해서 거기에 초점을 맞추고자 합니다.

현시점에서 생각하는 이상적인 세상을 떠오르는 대로 적어주세요.

제가 생각하는 이상적인 세상은 각자가 소중한 사람을 행복의 길로 인도하기 위해 자신이 가진 풍요를 나누는 세상입니다. 여기서 한 가지 짚고 넘어가야 할 점은 가장 소중한 사람은 자기 자신이라는 점입니다. 자신이 행복하지 않은데 남을 행복하게 해줄 수 없기 때문입니다. 그럼 행복을 느끼려면 어떻게 하면 될까요? 자신에게 어떤 풍요로움이 있는지 파악해서 그 풍요를 나누면 됩니다.

풍요를 나누기 전에 먼저 자신이 가진 풍요를 파악해야 합니다. 자신이 가진 풍요를 원하는 사람에게 나누고 자신도 부족한 부분을 다른 사람의 풍요로부터 나눠 받습니다. 사람들이 '자신이 가진 풍요를 서로 나누는 건 당연하다'라고 여기는 세상이 되면 자손들에게 멋진 세상을 남길 수 있다고 믿습니다.

당신에게 어떤 풍요가 있는지는 Week04에서 생각해볼 계획이니 기대해주세요.

이번 과제도 생각나는 대로 작성해주세요. '이런 걸 쓰다니…… 웃음거리가 되면 어쩌지?' 하고 불안해할지도 모르겠습니다. 하지만 불안의 정체는 이제는 아시죠? 현상유지 메커니즘입니다.

지금까지의 당신은 세상일에 관심을 두지 않고 자신의 일만으로도 벅찬 생활을 보냈을 것으로 생각됩니다. 현상유지 메커니즘도 그런 상황에 익숙해져 있을 테니 '세상일은 내가 생각해봐야……'와 같은 핑계로 머릿속이 가득할 겁니다. 그래서 어색해서 글로 표현하지 못할 수도 있습니다. 그럴 때는 그냥 머릿속 생각을 그대로 적으면 됩니다.

'이상적인 세상이라……? 잘 모르겠어……. 내가 뭘 갖고 있는지도 생각해본 적 없고. 이런 걸 쓴다고 무슨 의미가 있지? 이상적인 세상을 문자로 표현하면 인생이 바뀌니 일단 써보라고? 그런 게 말이 된다고 생각해본 적이 없어. 뭣보다 생각해본 적도 없는 일을 어떻게 쓰지? 이상이라…… 이상적인 세상이라…… 음…… 이뤄질지는 모르겠지만 전쟁이 없고 왕따도 없어서 서로 돕는 그런 세상이 되면 행복해지겠지?'

이런 식으로 계속 쓰다 보면 이상적인 세상을 글로 표현할 수 있습니다. 이상적인 세상을 글로 표현하지 못하더라도 이렇게 자신에게 질문을 던지고 문자화하면 이상적인 세상으로 한 걸음 나아가는 셈입니다. 답변란이 가득 찰 수 있을 때까지 꼭 도전해보기 바랍니다.

오늘의 과제는 아래와 같습니다.

① 당신이 생각하는 이상적인 세상은 어떤 모습입니까? 다음 페이지에 적어주세요.

② 오늘을 뒤돌아보고 좋았던 일을 다음 페이지에 세 가지 적어주세요.

③ 오늘을 뒤돌아보고 느낀 점이나 감상을 다음 페이지에 자유롭게 적어주세요.

그럼 내일 또 만나요.

Day
15

Date . . .

1. 당신이 생각하는 이상적인 세상은 어떤 모습입니까?

2. 오늘을 뒤돌아보고 좋았던 일을 세 가지 적어주세요.

①

②

③

3. 오늘을 뒤돌아보고 느낀 점이나 감상을 자유롭게 적어주세요.

Day 16

이상적인 세상을 현실화하는 데 중요한 사람은 누구

이상적인 세상을 적어보고 어땠나요? 처음에는 아무 생각 없었지만 쓰다 보니 자신이 어떤 생각을 하고 있는지 알 수 있었을 겁니다. 어쩌면 도저히 생각이 나지 않거나 글로 표현하지 못한 분도 계실지 모르겠네요.

처음부터 술술 써지는 사람은 많지 않습니다. 술술 써지는 사람은 평소에 생각하고 있기 때문이고, 반대로 평소에 별로 관심이 없는 사람은 좀처럼 잘 써지지 않습니다. 잘 안 써져서 화가 날지도 모르겠지만 그 화는 오히려 당신이 잘할 수 있는 원동력이 되기도 하며 자신에게 질문하기를 활용하면 생각을 구체화해 갈 수 있습니다. 어쩌면 화장실에서나 샤워하면서 반짝하고 생각이 떠오를 수 있기 때문에 그럴 때는 간단히 메모를 해두도록 합시다.

이 과제는 한 번에 끝내는 게 아니라 몇 번이고 업데이트하는 겁니다. 여유 시간이 생기면 이상적인 세상을 생각하는 기회로 삼아주세요. 이상적인 세상이 명확하면 명확할수록 당신의 능력치는 상승됩니다.

그런데 당신은 '목적과 목표'의 차이를 정의할 수 있나요? 비슷한 말 같아서 많은 사람이 혼동하는 단어입니다. 목적은 이루고자 하는 최종적인 것이고 목표는 목적을 이루는 과정에 있어 길안내와 같은 것입니다. 그림으로 설명하면 다음과 같습니다.

현재 → 목표 → 목표 → …… → 목적

우리가 여기서 이야기하고 있는 이상적인 세상이 바로 궁극적인 목적입니다. 그리고 이상적인 세상을 현실화하려면 목표를 설정하고 목표를 하나씩 통과해가는 과정을 거쳐야 하는 것이고요.

'번아웃 증후군'이라는 말이 있습니다. 예를 들어 수험생이 원하는 학교에 합격을 목적으로 열심히 노력해서 합격했지만 합격 후의 일은 생각해본 적이 없기 때문에 뭘 해야 할지 몰라 당황했다는 사례를 자주 듣습니다.

수험생뿐만 아니라 직장인에게도 일어날 수 있는 일입니다. 회사에서 표창을 받을 목적으로 높은 영업 실적을 달성했지만 표창 수여식 동안에만 행복하고 수여식이 끝나면 목적이 사라지기 때문에 깊은 공허함에 사로잡힙니다. '다시 한 번 더 표창을 받겠어!' 하고 힘을 내보지만 좀처럼 의욕이 생기지 않습니다. 표창을 받을 정도니 주위로부터의 기대치도 높고 압박도 심합니다. '한 번 더 표창을 받아야 해……. 힘내자!' 하고 마음을 고쳐먹지만 생각만큼 몸이 따르지 않습니다. 결과적으로 실적을 올리지 못하고 주위 사람들 눈치가 보여서 퇴사하는 경우도 있습니다.

원하는 학교 합격도 높은 영업성과도 목적을 달성하기 위한 통과점에 지나지 않음을 명심해야 합니다. 목적이 명확하지 않으면 목표를 목적으로 착각해서 어렵게 달성해도 미래가 보이지 않는 깊은 공허함만 남게 됩니다.

우리는 왜 이상적인 세상을 설정해야 할까요? 그것은 목적을 명확히 해서 자신을 잃어버리는 일을 막기 위해서입니다. 이상적인 세상을 현실화하기 위해 '원하는 학교 합격'이라는 목표를 설정하는 것이고 '높은 영업성과'라는 목표가 존재하는 것이니까요.

당연한 말이지만 이상적인 세상을 글로 표현한다고 해서 현실화되지는 않습니다. 현실화하려면 행동을 해야 합니다.

그럼 당신이 글로 표현한 이상적인 세상을 현실화하는 데 가장 중요한 인물은 누구일까요? 그리고 얼마만큼의 각오가 되어 있고 언제부터 시작할 생각인가요? 어쩌면 당신이 살아있는 동안에 실현되지 않을지도 모릅니다. 그럼에도 지금 이 순간 당신은 평생을 걸고서라도 이루고 싶은 일을 찾기 위해 한 걸음 내디딘 셈입니다.

'이제 나이가 들어서……'라며 나이 탓에 능력이 떨어졌다고 생각하고 포기하는 사람도 있습니다. 하지만 오히려 반대입니다. 분명 젊은 시절의 자신에 비해 체력이나 근력이 떨어졌을 겁니다. 하지만 지식과 경험은 어떨까요? 인간은 나이가 들어도 성장하는 동물이라고 확신합니다.

오늘의 과제는 아래와 같습니다.

① 당신이 생각하는 이상적인 세상을 현실화하는 데 가장 중요한 인물은 누구인가요? 다음 페이지에 적어주세요.
② 이상적인 세상을 현실화하기 위해 몇 퍼센트의 각오로 임할 생각인가요? 다음 페이지에 적어주세요.
③ 오늘을 뒤돌아보고 좋았던 일을 세 가지 적어주세요.
④ 오늘을 뒤돌아보고 느낀 점이나 감상을 다음 페이지에 자유롭게 적어주세요.

그럼 내일 또 만나요.

Day 16

Date . . .

1. 당신이 생각하는 이상적인 세상을 현실화하는 데 가장 중요한 인물은 누구인가요?

2. 이상적인 세상을 현실화하기 위해 몇 퍼센트의 각오로 임할 생각인가요?

· 몇 퍼센트인가요?

· 언제부터 시작할 생각인가요?

3. 오늘을 뒤돌아보고 좋았던 일을 세 가지 적어주세요.

①

②

③

3. 오늘을 뒤돌아보고 느낀 점이나 감상을 자유롭게 적어주세요.

Day 17

지금 당신 앞을 가로막고 있는 문제와 장해

어제의 과제는 1주째에도 했던 내용입니다. 한 번 경험해봤으니 '나 자신, 100퍼센트 혹은 100퍼센트 이상, 지금부터'라고 작성했을 것으로 믿어 의심치 않습니다.

그럼에도 가장 중요한 인물을 다른 사람으로 적었나요? 그렇다면 그 사람을 움직이기 위한 가장 중요한 인물은 누구인가요? 바로 당신 자신일 수밖에 없습니다. 또한 100퍼센트 미만이라고 적었다면 반드시 이루겠다는 각오가 부족하므로 현실화될 가능성이 적습니다. 마지막으로 지금 당장 시작하지 않겠다면 도대체 언제 하겠다는 건가요?

어제 과제에 제대로 답한 사람은 이상적인 세상을 현실화하는 일을 자신의 일로 받아들였다고 할 수 있습니다. 세상에 관심을 갖고 문제를 고민하는 사람도 자신이고 '이런 세상을 만들고 싶어' 하고 이상향을 꿈꾸는 사람도 자신입니다.

사람은 자신이 문제라고 느끼는 일만 해결할 수 있습니다. 문제를 발견했다는 것은 해결할 역할도 생겼다는 의미입니다.

하지만 아쉽게도 대부분이 문제를 발견해도 해결은 '지금의 나로서는 해결할 수 없어' 하고 다른 사람에게 떠넘깁니다. 바로 근본적인 해결을 기대하기 힘들지는 몰라도 할 수 있는 일을 찾아서 하면 됩니다.

사람들이 모두 '자신이 발견한 문제는 100퍼센트 자신이 주체가 되어 해결한다'라는 각오로 임하면 세상에 문제가 많이 생겨도 인류는 좋은 방향으로 진화해갈 것입니다.

앞에서도 언급했지만 제가 할 수 있는 일은 책 등을 통해서 이런 생각을 한 사람이라도 더 많은 분들에게 전하는 것입니다. 문제를 다른 사람에게 넘기는 게 아니라 스스로 적극적으로 해결하는 사람이 늘어나면 우리 모두는 행복에 더 빨리 다가갈 수 있습니다.

지금까지 세상의 문제에 대해서 생각해봤는데 이번에는 지금 자신의 눈앞에 있는 장해와 문제에 대해서 생각해봅시다. 이상적인 세상에 다가가려면 눈앞에 직면한 장해와 문제를 하나씩 해결하는 수밖에 없습니다. 반대로 말하면 눈앞의 장해와 문제를 해결하지 못하면 이상적인 세계도 현실화할 수 없습니다.

즉 당신이 직면한 장해와 문제를 뛰어넘으면 이상적인 세상과 만날 수 있습니다. 우리는 자신이 겪고 있는 장해와 문제가 이상적인 세상과 이어져 있다는 사실을 잊어서는 안 됩니다.

이런 사실을 망각하면 또 다른 자신, 즉 현상유지 메커니즘이 방해를 걸어옵니다. 예를 들어 이런 말을 하는 거죠.

'이상적인 세상? 뭐라는 거야! 그런 거 좇는 사람은 없어. 그렇게 노력해봐야 실현될 리 없고 지금까지도 자신이 해결하지 않아도 어떻게든 살아왔잖아. 그보다 더 즐거운 일도 많으니까 그렇게 열심히 살지 않아도 돼.'

어쩌면 정말로 지당한 이야기네요. 하지만 그 선택이 지금의 자신을 그리고 지금의 인생을 만든 것입니다. 현상유지 메커니즘에 설득당하면 자신도 인생도 바꿀 수 없습니다.

눈앞의 장해와 문제를 해결하면 이상적인 세상이 기다리고 있다고 믿고 묵묵히 문제를 해결해가다 보면 현상유지 메커니즘도 서서히 변화된 모습을 보입니다. 처음에는 현상유지 메커니즘이 다양한 방식으로 거부하겠지만 어느새 이상적인 세상을 꿈꾸는 게 당연하고 나아가 행동을 멈추지 말라는 식으로 작동합니다.

현상유지 메커니즘은 급격하게 변하지 않습니다. 조금씩 행동이 쌓여야 비로소 서서히 변하기 시작합니다. 현상유지 메커니즘을 내 편으로 만들기 위해서라도 눈앞의 장해와 문제에 관심을 갖고 해결해가도록 합시다.

많은 장해와 문제가 당신이 가는 길을 가로막고 있겠죠? 먼저 어떤 장해와 문제가 있는지 다음 페이지의 답변란이 가득 차도록 작성해주세요.

작성을 마치면 가장 우선적으로 해결해야 할 문제를 하나 선택해서 해결책을 생각해주세요. 그리고 해결책 중 하나를 내일 행동으로 옮겨주세요. 여기서 내딛는 한 걸음이 당신을 이상적인 세상으로 인도할 것입니다.

오늘의 과제는 아래와 같습니다.

① 당신이 직면한 장해와 문제를 생각나는 대로 작성해서 다음 페이지의 답변란을 가득 채워주세요.

② ①에서 작성한 문제 중에 가장 먼저 해결해야 할 문제를 하나 선택해서 해결책을 몇 가지 생각하고 그중에 하나를 내일 실행에 옮겨주세요.

③ 오늘을 뒤돌아보고 좋았던 일을 다음 페이지에 세 가지 적어주세요.

④ 오늘을 뒤돌아보고 느낀 점이나 감상을 다음 페이지에 자유롭게 적어주세요.

그럼 내일 또 만나요.

Day 17

Date . . .

1. 당신이 직면한 장해와 문제를 생각나는 대로 작성해서 답변란을 가득 채워주세요.

2. 1에서 작성한 문제 중에 가장 먼저 해결해야 할 문제를 하나 선택해서 해결책을 몇 가지 생각하고 그중에 하나를 내일 실행에 옮겨 주세요.

· 해결해야 할 장해, 문제:

· 해결책:

3. 오늘을 뒤돌아보고 좋았던 일을 세 가지 적어주세요.

①

②

③

4. 오늘을 뒤돌아보고 느낀 점이나 감상을 자유롭게 적어주세요.

Day 18 3년 후 자신은 어떤 모습인가?

어제는 눈앞에 있는 장해와 문제를 생각해 보고 가장 우선 해결해야 할 한 가지를 선택해서 해결책을 찾아 봤습니다. 그리고 오늘은 해결책을 행동으로 옮겼으리라고 생각합니다.

책의 분량이 제한되어 있어 과제로 제시하지는 않겠지만 문제를 생각할 때는 동시에 '만약 이 문제를 방치하면 어떤 최악의 상황이 일어날 수 있을까?'라는 질문도 해봅시다. 이유를 말씀드리기 전에 10초 동안 먼저 생각해보시길 바랍니다.

이런 질문을 해보면 '방치해도 괜찮은 문제'라는 결론이 나오는 경우가 많습니다. 가장 우선 해결해야 할 문제를 선택하라고 했는데도 말입니다. 결국 '방치해도 괜찮은 문제를 가장 우선 해결해야 할 필요가 있을까? 더 중요한 다른 문제가 있지는 않나?' 하고 사고가 전환됩니다.

동시에 이런 시점으로도 생각해보기 바랍니다.

'가장 우선 해결해야 할 문제를 현재의 자기 시점에서 선택했는가? 아니면 미래의 자기 시점에서 선택했는가?'

어제의 과제에서는 일부러 어떤 시점에서 선택할 것인가를 말씀드리지 않았습니다. 왜냐하면 당신이 어떤 시점에서 선택하는지 스스로 인식할 수 있도록 하기 위해서입니다.

만약 현재의 자기 시점에서 선택했다면 행동으로 실천해도 큰 변화가 생길 가능성은 적습니다. 현재의 자기 시점으로 행동하는 이상 강화되는 건 '현재의 자신'일 뿐이기 때문입니다.

현재의 자기 시점에서 선택할 것인가? 아니면 미래의 자기 시점에서 선택할 것인가? 이 인식이 없으면 우리는 무의식적으로 '현재의 자기 시점'에서 선택합니다.

행동하고 실천하고 있지만 좀처럼 바뀌지 않는다면 행동의 선택 기준이 '현재의 자기 시점'이 아닌지 확인해봐야 합니다.

그럼 '미래의 자기'라고 했을 때 언제 시점의 자신을 상상하면 좋을까요? 이상적인 세상을 현실화했을 때의 자신이면 금상첨화지만 이상적인 세상에 대해서는 이번 주에 처음 생각해봤을 테니 좀 더 갈고 닦을 필요가 있습니다.

그래서 '3년 후의 이상적인 자신'을 기준으로 삼기를 추천합니다. 3년 후가 아니라 1년 후, 2년 후, 5년 후, 10년 후여도 상관은 없습니다. 미래의 자신을 기준으로 삼는다는 게 중요합니다.

이상적인 자신을 생각하다 보면 저항감이 생길 수도 있습니다. '이상적인 자신을 생각해냈으니 꼭 실현시켜야 해! 이상에 가까워지도록 매일 노력해야 해!' 하고 의무감이 엄습해올지도 모릅니다. 또 '지금까지 계속 실패했으니 이번에도 실패할지 몰라……' 하고 불안감이 생길지도 모릅니다.

어쩌면 이런 의무감이나 불안감이 당신에게 가장 큰 장해이며 이들을 어떻게 해결할 것인가가 가장 큰 문제일지도 모릅니다.

하지만 당신은 현재의 자신으로는 만족하지 못하기 때문에 이 책을 여기까지 읽어왔을 겁니다. 머릿속의 이상을 글로 표현한다고 해도 현실화하지 못할 수 있습니다. 그러나 글로 표현하지 않으면 현실화는 애초에 불가능합니다.

용기를 내서 3년 후 이상적인 자신의 모습을 작성해주세요. 이상적인 자신을 생각하고 문자화하는 일이 장해 극복과 문제 해결을 위한 첫걸음입니다. 또한 여기에 작성했다고 해서 나중에 바꿀 수 없다는 법은 없습니다. '이건 아니야'라는 생각이 들면 언제라도 수정하면 됩니다.

예전 같으면 도망쳤겠지만 지금 당신은 도전을 선택했습니다. 글로 표현하는 것만으로도 예전의 자신과 다른 자신으로 성장할 수 있습니다.

오늘의 과제는 아래와 같습니다.

① 3년 후 오늘, 당신은 어떤 이상적인 모습을 하고 있을까요? 다음 페이지에 3년 후의 날짜를 기입하고 생각나는 대로 적어주세요.

② 오늘을 뒤돌아보고 좋았던 일을 다음 페이지에 세 가지 적어주세요.

④ 오늘을 뒤돌아보고 느낀 점이나 감상을 다음 페이지에 자유롭게 적어주세요.

그럼 내일 또 만나요.

Day 18

Date . . .

1. 3년 후 오늘, 당신은 어떤 이상적인 모습을 하고 있을까요? 3년 후의 날짜를 기입하고 생각나는 대로 적어주세요.

· 3년 후 (　　　)년 (　)월 (　)일 이상적인 나의 모습

2. 오늘을 뒤돌아보고 좋았던 일을 세 가지 적어주세요.

①

②

③

3. 오늘을 뒤돌아보고 느낀 점이나 감상을 자유롭게 적어주세요.

Day 19

죽는 날 정하기

어제의 과제는 쉽지 않았으리라고 생각합니다. 이상적인 세상은 먼 미래의 일이기 때문에 현실화 가능 여부를 크게 신경 안 쓰고 작성할 수 있습니다. 하지만 3년 후는 기간이 정해져 있기도 하고 '뜻밖의 질문이라 갑자기 쓰려니 아무런 생각이 나지 않아요' 하고 멘탈 블록mental block(감정적 요인으로 인한 사고나 기억 등의 차단_옮긴이)으로 인해 좀처럼 글로 표현이 안 될 수도 있습니다.

어제도 말씀드렸지만 '한번 작성한 건 바꿀 수 없다'와 같은 규칙은 전혀 없습니다. 날짜를 바꾸는 건 안 되지만 이상향은 앞으로 겪을 경험을 통해 바뀔 것입니다. 만약 바뀌지 않는다면 성장하고 있지 않다는 의미입니다.

어제 작성한 페이지에도 포스트잇을 붙이고 Day02에서 작성한 이루고 싶은 성과와 함께 매일 확인하도록 합시다.

참고로 이루고 싶은 성과는 어떻게 되고 있나요? 씨앗을 심었으니 꽃을 피울 때까지는 수고를 들일 필요가 있습니다. 땅속의 씨앗에 물을 주고 소중히 키우면 반드시 싹을 틔울 것입니다.

목표나 이상도 마찬가지입니다. 계획만 세운다고 땅속의 씨앗이 싹을 틔우지는 않습니다. 적극적으로 관리해줘야 합니다.

그럼 오늘은 당신의 사망 일자를 정해보겠습니다. 세상에는 '반드시'라는 말이 결코 통용되지 않습니다. 하지만 유일하게 반드시 찾아오는 미래가 있습니다. 바로 살아있는 존재는 모두 죽음을 맞이한다는 것입니다.

언제가 될지는 하늘만이 알겠지만 본인 스스로 기한을 정해봅시다. 죽음을 정하면 지금 무엇을 해야 할지 확연히 보입니다. 한번 해보시면 알겠지만 의외로 남은 시간이 얼마 없습니다.

어릴 때 시간의 체감 속도에 비해 어른이 된 후의 체감 속도는 몇 배나 빠릅니다. 70대 이상인 분에게 연령별 체감 속도 차이를 물어보면 20대보다 30대, 30대보다 40대, 40대보다 50대, 50대보다 60대, 그리고 60대보다 지금이 훨씬 빠르다고 이야기합니다.

남은 시간이 충분해보여도 나이가 들면서 체감 속도도 함께 빨라지니 실질적으로 남은 시간은 더 적다는 의미입니다.

그리고 어떻게 죽을지도 정해봅시다. '침대에 누워 꼼짝 못 하는 상태로 연명치료를 받고 싶다'는 분은 아무도 없겠죠? 죽음을 생각하면 이상적인 죽음을 위해서 '매일 건강한 생활을 해야겠다'는 의지가 자연스럽게 샘솟습니다.

어떻게 죽을지 사인을 정했다면 마지막으로 당신이 죽은 뒤에 알고 지내던 분들로부터 무슨 말을 듣고 싶은지 적어주세요. 마음대로 상상해도 괜찮습니다. 예를 들면 다음과 같습니다.

> '아버지는 의지가 곧은 분이셨습니다. 저도 아버지의 가르침대로 올곧게 세상에 맞서 살아가겠습니다. 키워주신 은혜에 감사드립니다.'

> '어머니는 남들 모르게 많은 사람을 돌보는 삶을 사셨습니다. 아침 일찍 일어나 밤늦게까지 일했지만 늘 웃는 얼굴로 주위 사람들에게 힘이 되어주셨습니다. 저도 어머니의 피를 이어받았습니다. 어머니처럼 늘 웃는 얼굴로 세상 사람들에게 힘이 되는 존재가 되고 싶습니다. 키워주신 은혜에 감사드립니다.'

이처럼 당신과 관련된 사람의 입장에서 쓰면 됩니다. 주위 사람들로부터 어떻게 기억되기를 바라는지 정해두면 그것을 현실화하기 위해 평소의 생각과 행동도 달라집니다.

'죽음이라니! 왠지 꺼림칙해요' 하고 생각하는 분도 계시리라 생각합니다만 우리는 내일 살아있다는 보증 없이 매일 살아가고 있습니다. 언제 죽더라도 여기에 적은 대로 기억되는 인생을 살겠노라고 다짐하고 살면 분명 삶의 방식도 바뀝니다.

오늘의 과제는 아래와 같습니다.

① 만약 자신의 사망 일자를 정한다면 언제로 하고 싶은가요? 또 죽음은 어떤 식으로 맞이하고 싶은가요? 다음 페이지에 적어주세요.

② 당신은 죽은 뒤 주위 사람들에게 어떤 말을 듣고 싶은가요? 다음 페이지에 적어주세요.

③ 오늘을 뒤돌아보고 좋았던 일을 다음 페이지에 세 가지 적어주세요.

④ 오늘을 뒤돌아보고 느낀 점이나 감상을 다음 페이지에 자유롭게 적어주세요.

그럼 내일 또 만나요.

Day
19

Date . . .

1. 만약 자신의 사망 일자를 정한다면 언제로 하고 싶은가요? 또 죽음은 어떤 식으로 맞이하고 싶은가요?

· 사망 일자: (   )년 (   )월 (   )일 (   )세
· 사인:

2. 당신은 죽은 뒤 주위 사람들에게 어떤 말을 듣고 싶은가요?

3. 오늘을 뒤돌아보고 좋았던 일을 세 가지 적어주세요.

①

②

③

4. 오늘을 뒤돌아보고 느낀 점이나 감상을 자유롭게 적어주세요.

Day 20

앞으로 한 달 동안 달성할 목표 정하기

어제도 지금까지 생각해보지 못한 과제였을 겁니다. 생각해본 적이 있다고 해도 글로 표현해본 사람은 그리 많지 않습니다.

죽은 뒤 주위 사람들에게 어떤 말을 듣고 싶은지를 생각해두면 행동도 달라집니다. 지금까지 해오던 행동으로 어제 작성한 내용을 실현할 수 있는지 생각해봅시다. 아마도 그렇지 않을 겁니다. 그럼 어떻게 해야 할까요? 무엇을 하면 될까요? 오늘은 여기에 대해 재차 생각해보는 시간을 갖도록 하겠습니다.

성과는 목표했던 기한이 되었을 때 달성 여부를 명확히 판단할 수 있어야 합니다. 이번에는 이루고 싶은 성과를 Day49를 마쳤을 때 제3자가 봐도 '달성 여부'를 쉽게 판단할 수 있도록 작성해주세요.

예를 들어 수험생은 입시에 합격하면 '달성'이고 불합격이면 '미달성'입니다. 영업사원은 자신이 설정한 수치를 넘기면 '달성'이고 넘기지 못하면 '미달성'입니다.

먼저 자신이 적은 이루고 싶은 성과를 다시 살펴봐주세요. Day49가 끝나는 시점에서 제3자가 봐도 달성 여부를 판단할 수 있는 내용인가요? 달성 여부를 쉽게 판단할 수 있다면 그대로 오늘 과제의 답변으로 사용하면 됩니다.

여기서부터 이야기하는 내용은 달성 여부를 알기 힘든 성과를 작성한 경우 어떻게 바꾸면 되는지 살펴보겠습니다.

많은 사람이 바라는 성과 중에 달성 여부를 알기 힘든 성과를 사례로 들면 '자신감 있는 사람 되기'가 있습니다.

자신감 있는 사람의 판단 기준은 주관적이기 때문에 제3자가 봐도 달성 여부를 정확히 알 수 없습니다. 그럼 어떻게 해야 달성 여부를 알 수 있는 형태로 바꿀 수 있을까요?

먼저 자신감 있는 상태가 어떤 모습인지 상상해봐야 합니다. 당신에게 자신감 있는 상태는 어떤 모습인가요?

예를 들어 '매일 과제를 빠짐없이 작성하는 모습'이라면 달성 여부를 과제 작성으로 판단할 수 있습니다. '자신감 있는 자신은 매일 과제를 작성한다'라는 미래를 설정하고 그 미래를 현실화하는 것입니다.

여기서 중요한 점은 '매일 과제를 작성했기 때문에 자신감이 생겼다'가 아니라 '자신감 있는 자신은 매일 과제를 작성한다'라는 형태로 반대로 표현해야 합니다.

행동상으로는 '매일 과제를 작성한다'는 점에서 다를 게 없습니다. 하지만 전자는 '행동을 거듭한 끝에 자신감이 생긴다'인데 비해 후자는 이미 자신감을 갖춘 자신을 설정해두고 그런 자신이라면 달성했을 내용에 대해 표현하고 있습니다.

'자신감 있는 자신을 먼저 설정하고 그 자신이 달성되는 날까지 매일 과제를 작성한다'라고 사고하고 행동하면 현상유지 메커니즘도 '자신감 있는 자신'으로 길들일 수 있습니다.

한 달 후 자신이 어떤 모습이고 무엇을 달성했는지 한 가지 정해서 글로 표현하여 현실화해봅시다.

지나치게 높은 목표보다는 달성 가능성이 높은 일에 도전하기를 추천합니다. 지난주 일주일 동안 했던 '달성할 수 있는 목표를 정해서 달성하는 것'과 같은 요령으로 이번에는 한 달 버전에 도전해보는 겁니다.

먼저 Day49가 언제인지 일자를 적습니다. 일자를 적은 후 '나는 ○월 ○일까지 (목표)를 달성하겠습니다'라고 목표 하나당 한 문장으로 작성합니다. 목표를 작성한 뒤에는 목표달성일에서 역산하여 그 목표를 달성하기 위한 행동도 작성해주세요.

<예> Day49가 끝나는 일자: (3) 월 (13) 일

나는 3월 13일에 Day49의 모든 과제를 작성하겠다는 목표를 달성하겠습니다. 이를 위해서 매일 밤 양치 후 노트에 과제를 작성하겠습니다.

오늘의 과제는 아래와 같습니다.

① Day49가 끝나는 시점에서 어떤 목표를 달성할 것인가를 달성 여부를 판단할 수 있는 형태로 작성하고 그 목표를 달성하기 위한 행동을 다음 페이지에 적어주세요.

② 오늘을 뒤돌아보고 좋았던 일을 다음 페이지에 세 가지 적어주세요.

③ 오늘을 뒤돌아보고 느낀 점이나 감상을 다음 페이지에 자유롭게 적어주세요.

그럼 내일 또 만나요.

Day 20

Date . . .

1. Day49가 끝나는 시점에서 어떤 목표를 달성할 것인가를 달성 여부를 판단할 수 있는 형태로 작성하고 그 목표를 달성하기 위한 행동을 적어주세요.

Day49가 끝나는 일자: (　　)월 (　　)일

<예> 나는 3월 13일에 Day49의 모든 과제를 작성하겠다는 목표를 달성하겠습니다. 이를 위해서 매일 밤 양치 후 노트에 과제를 작성하겠습니다.

2. 오늘을 뒤돌아보고 좋았던 일을 세 가지 적어주세요.

①

②

③

3. 오늘을 뒤돌아보고 느낀 점이나 감상을 자유롭게 적어주세요.

Day 21

Week03 뒤돌아보기

3주째도 수고하셨습니다. 세상과 자신의 연결고리를 느껴보는 계기가 되셨는지요? 이번 주 작성한 과제를 뒤돌아보면 자신의 문제 해결이 세상의 문제 해결과 연결되어 있음을 깊이 깨달을 수 있습니다.

만약 이 책을 읽지 않았다면 생각하지도 않았을 과제인데 어쩌면 심신이 지쳤을지도 모르겠네요. 이런 피로감에 익숙해졌다는 것은 드디어 당신이 자신을 바꾸는 일에 기쁨을 느끼며 하루하루를 보내고 있다는 증거입니다. 반대로 불편하다면 여전히 현상유지 메커니즘이 저항하고 있다는 의미이고요.

'불편한 일을 계속해봐야 힘들 뿐이야. 나다움을 잃고 말겠어!' 하고 생각할지도 모르겠습니다. 하지만 계속하지 않으면 결국

'불편하고 힘들어서 그만둔다'는 습관이 반복됩니다.

현상유지 메커니즘은 지금의 자신을 유지하려고 작동합니다. 불편함이나 피로감도 현상유지 메커니즘이 보내는 메시지입니다.

일본의 한 공립중학교를 육상대회에서 13회나 우승으로 이끌어낸 하라다 다케시原田隆史 씨의 일화를 소개하겠습니다. 그는 원반던지기로 국내 신기록을 달성한 여학생이 고열로 몸을 제대로 가누지 못하는 상태였는데도 여학생 스스로 자신의 일로 정한 '설거지'를 하도록 부모에게 부탁해서 승낙을 받았다고 합니다. 똑바로 서 있을 수조차 없던 여학생은 누운 상태로 천을 이용해 그릇의 물기를 닦았고 그날의 설거지를 마칠 수 있었습니다.

'그릇을 마른 천으로 닦는 일'은 설거지를 할 때의 마지막 공정입니다. 설거지의 일부지만 상황에 굴하지 않고 '스스로 정한 설거지를 실천했다'라고 의미를 부여할 수 있습니다.

몸 상태가 최악일 때도 절대 포기하지 않고 할 수 있는 일을 찾아서 실천하도록 했다는 이야기입니다. 결과적으로 '자신이 결정한 일은 포기하지 않고 어떻게든 완수한다!'라고 하는 현상유지 메커니즘이 작동했고 그런 경험이 자신을 강하게 만들어 최고를 가리는 대회에서도 평소대로 실력을 발휘할 수 있었습니다.

중학생도 하는 일인데 어른인 우리가 못할 리 없습니다. 새로운 일을 시작하면 이런저런 저항이 생기기 마련입니다. 저항에 포기하고 행동을 멈출 것인가 아니면 저항에도 계속할 것인가는 자기 자신이 정해야 할 일입니다.

몇 번 말씀드렸지만 목표를 달성하지 못하는, 즉 현실화하지 못하는 가장 큰 이유는 '망각' 때문입니다. 행동하지 않기 때문에, 행동이 부족하기 때문에 현실화하지 못하는 게 아닙니다. 현실화하고 싶다는 당초의 생각을 잊어버리기 때문에 행동으로 이어지지 않는 것입니다.

오늘 과제를 시작하기 전에 어제 작성한 목표를 확인해보셨는지요? 그리고 목표를 달성하기 위한 행동을 실천했는지 점검해보셨는지요? 만약 '깜빡 잊었다'면 여기서 책을 읽는 것을 잠시 멈추고 이전 페이지로 돌아가주세요.

이 또한 깨달음입니다. '아…… 나는 잘 까먹는 사람이구나' 하고 느끼기 바랍니다. 그렇지만 낙담할 필요 없습니다. 대부분이 잘 잊습니다. 잊어버린 일은 어쩔 수 없습니다. 잊어버렸다는 사실은 절대 바뀌지 않기 때문입니다. 이제부터가 중요합니다. 이런 상황에 직면했을 때 앞으로 어떻게 할지 고민하는 것이야말로 진정 자신을 바꾸는 일로 이어지니까 말이죠.

매주 마지막 날에는 '만약 다시 한 번 한다면……'이라는 과제를 제시하고 있습니다. 뒤돌아보고 실패했던 일을 깨닫기 바랍니다. 우리는 학교 교육을 통해 잘한 일보다 잘못한 일에 집중하도록 교육받았습니다. 예를 들어 100점이 목표인 시험에서 90점을 받으면 90점의 정답 대신 10점의 오답에 더 신경 씁니다.

90퍼센트의 잘한 일을 먼저 인정하고 못한 일인 10퍼센트를 개선하면 된다고 생각하면 될 텐데 90퍼센트의 잘한 일은 외면한 채 못한 일 10퍼센트에만 집중합니다.

잘못한 일에 집중하는 것은 오랫동안 길러진 습관이기 때문에 바로 고치기는 쉽지 않습니다. 하지만 그런 습관을 이용해서 잘못한 일을 자신을 발전시키는 계기로 삼고 어떻게 개선해 갈지 고민하면 됩니다. 이때 '만약 다시 한 번 한다면……'은 개선책을 찾는 데 매우 효과적인 질문입니다.

오늘의 과제는 아래와 같습니다.

① Week03을 뒤돌아보고 좋았던 일을 생각나는 대로 다음 페이지에 적어주세요.

② 만약 다시 한 번 Week03이 주어진다면 어떻게 할 것인지 다음 페이지에 생각나는 대로 적어주세요.

③ 오늘을 뒤돌아보고 느낀 점이나 감상을 다음 페이지에 자유롭게 적어주세요.

그럼 내일 또 만나요.

Day 21

Date . . .

1. Week03을 뒤돌아보고 좋았던 일을 생각나는 대로 적어주세요.

2. 만약 다시 한 번 Week03이 주어진다면 어떻게 할 것인지 생각나는 대로 적어주세요.

3. 오늘을 뒤돌아보고 느낀 점이나 감상을 자유롭게 적어주세요.

memo

Week 04

갖고 있는 것에
집중하기

Day 22

자신이 이룬 것

4주째가 시작되었습니다. 이번 주는 자신에게 집중하는 과제를 제시할 예정입니다. Day20에서 세운 목표도 달성할 수 있도록 꾸준히 실천해주세요. 그리고 실천하면서 얻은 깨달음이 있다면 과제 3번 답변란에 작성해주세요. '만약 다시 한 번 한다면……' 질문을 매회 준비하지는 않았지만 앞으로는 3번 답변란을 활용해서 작성해주시길 바랍니다.

오늘의 과제는 '자신이 이룬 것'입니다. 오늘까지 당신의 인생은 당신 스스로가 만들어왔습니다.

그럼 당신의 인생을 만들어온 가장 중요한 인물은 누구인가요? 그렇습니다. 당신입니다. 당신의 지금까지 인생도 다름 아닌 당신 자신이 주체적으로 만들어왔습니다.

'그렇지 않아요!' 하고 부정하는 분도 계실지 모르겠습니다. 하지만 이를 인정하지 못하면 당신의 인생은 남에 의해서 조종당한 것이 됩니다. 그리고 남은 바꿀 수 없기 때문에 당신은 당신의 인생을 바꿀 수 없습니다.

부모님, 남편, 아내, 직장 상사, 선생님 등 남의 뜻에 따라 살아왔다고 말씀할지도 모르겠네요. 하지만 그것이 사실이라고 해도 그들의 뜻을 따르기로 선택한 사람은 누구인가요? 바로 자신입니다. 자신의 인생은 자신이 만든 것입니다. 그렇기 때문에 자신이 바꿀 수도 있습니다.

오늘은 당신이 지금까지 '이룬 것'을 생각나는 대로 적어보는 시간을 갖겠습니다. 이 과제를 제시하면 '이룬 게 없어요!' 하고 강한 어조로 말하는 분도 있습니다. 자초지종을 물어보면 '이룬 것'의 정의가 '남들에게 인정받은 것'임을 알 수 있습니다.

남들이 인정해주지 않아도 당신이 스스로 이룬 것을 인정하면 됩니다. 당신이 인정하지 않으면 남들도 인정해주지 않습니다.

당신은 인생에서 많은 것을 이뤄왔습니다. 그렇기 때문에 이 책을 여기까지 읽을 수 있었다고 생각합니다. 여기까지 계속 읽었다는 것도 하나의 성과, 즉 '이룬 것'입니다. 어제까지 작성한 것을 이루지 못했다면 오늘의 과제를 이렇게 시작할 리가 없을 테니까 말이죠.

예를 들어 매일 회사로 출근하는 것도 '이룬 것'입니다. '이룬 것'이 쌓여서 지금의 당신을 만들었습니다.

'회사 출근은 당연한 거잖아요' 하고 생각할지도 모르겠네요. 당연한 것을 인정하지 못하면 남들이 인정해주는 것이 기준이 되고 맙니다. 또한 남들이 인정해주는 것이 기준이 되면 점점 자기다움도 잃고 맙니다.

어쩌면 회사 출근은 당연한 일인지도 모릅니다. 하지만 회사에 오늘 출근했다는 것은 어제까지 출근을 계속했기 때문에 가능한 일입니다. 만약 이런 성과 없이 도중에 그만뒀다면 오늘 출근은 있을 수 없는 일입니다. 좀 더 과거로 돌아가면 입사 시험에 합격도 '이룬 것'입니다.

이처럼 지금 당신의 모습은 당신이 이뤄온 것으로 이루어져 있습니다.

빈 종이도 괜찮고 노트도 상관없습니다. 다음 페이지로 넘어가기 전에 생각나는 대로 '이룬 것'을 적어봅시다. 머리로 생각해서 적으려고 하지 말고 마음이 가는 대로 손이 가는 대로 적으면 됩니다. 제한 시간은 특별히 없지만 무작정 계속 작성할 수는 없으니 15분 정도가 적당할 듯합니다.

처음에는 '○○대회에서 우승했다', '영업실적이 우수해서 표창을 받았다', '원하는 학교에 합격했다' 등 남들에게 인정받을 수 있는 것부터 시작해도 됩니다. 남들에게 인정받을 만한 게 없다면 앞서 말씀드린 바와 같이 '과제를 3주 동안 계속 작성했다' 등과 같이 사소한 일이라도 찾아서 적어봅시다.

자신인 정한 제한 시간까지 '이룬 것'을 모두 작성했다면 아래 과제를 진행하기 바랍니다. 오늘의 과제는 다음과 같습니다.

① '이룬 것'을 작성하고 느낀 점이나 감상을 자유롭게 다음 페이지에 적어주세요.
② 오늘을 뒤돌아보고 좋았던 일을 다음 페이지에 세 가지 적어주세요.
③ 오늘을 뒤돌아보고 느낀 점이나 감상을 다음 페이지에 자유롭게 적어주세요.

그럼 내일 또 만나요.

Day
22

Date . . .

1. '이룬 것'을 작성하고 느낀 점이나 감상을 자유롭게 적어주세요.

2. 오늘을 뒤돌아보고 좋았던 일을 세 가지 적어주세요.

①

②

③

3. 오늘을 뒤돌아보고 느낀 점이나 감상을 자유롭게 적어주세요.

Day 23

자신이 손에 넣은 것

어제는 '이룬 것'에 대해 작성해봤습니다. 느낀 점과 감상이 어땠는지 모르겠지만 생각보다 '이룬 것'이 많다는 사실을 알게 되었을 겁니다.

'이런 사소한 일도 괜찮을까?' 하는 생각이 드는 것도 당연합니다. 하지만 작은 일조차 이루지 못하면서 어떻게 큰일을 이룰 수 있을까요?

단숨에 큰 성과를 낼 수는 없습니다. 예전에 '초속 1억 엔!'이라는 카피라이트가 유행한 적이 있었습니다. 판매 개시 후 1초만에 매출 1억 엔을 넘기겠다는 의미입니다. 하지만 아무것도 없는 '무'인 상태에서 순식간에 1억 엔 매출을 올렸다고 판단하면 안 됩니다. 판매 개시 전에 구매자에게 충분히 홍보를 했을 테고 이미 구매자들과의 신뢰 관계가 형성되어 있었기 때문에 현실화할 수 있는 구호입니다.

화려한 성과 뒤에는 각고의 노력이 숨어 있는 경우가 많습니다. 큰 성과는 작은 성과를 쌓아야 이룰 수 있습니다. 비록 작은 성과일지라도 부정하지 말고 인정해야 큰 성과를 성취할 수 있습니다.

당신은 지금까지 꾸준히 노트를 작성해왔습니다. 누구나 할 수 있는 일이라고 생각하는 사람도 많겠죠. 하지만 누구나 할 수 있는 일을 3주 동안이나 계속해내는 사람은 그리 많지 않습니다. 현상유지 메커니즘의 달콤한 속삭임에 흔들리기도 하겠지만 '이런 사소한 일이 무슨 소용 있겠어' 하고 자신이 이룬 성과를 부정해서는 안 됩니다.

또한 '남이 인정해줘야 계속할 수 있다'는 사람은 자신의 인생을 사는 게 아닙니다. 항상 남의 눈을 의식하며 자신의 인생을 허비하는 꼴입니다.

옛날 사람들은 우리들에게 '티끌 모아 태산'이라는 말을 남겼습니다. 티끌은 아무도 신경 쓰지 않지만 그것이 모여 태산을 이루면 많은 사람들의 관심을 받게 됩니다.

저 또한 소소하게나마 글을 계속 써왔기 때문에 책이라는 하나의 태산을 이룰 수 있었고 당신을 만날 수도 있었습니다. 만약 이 책이 없었다면 당신과의 연결고리는 꿈도 꾸지 못했을 겁니다.

평소에 자신이 하는 일을 스스로 인정할 수 있어야 합니다. 남들이 업신여기는 사소한 일이라도 좋습니다. 업신여기는 사람은 지금 자신의 상황에 안주하며 그대로 지내길 바랍니다.

하지만 당신의 변화는 '저 사람이 바뀌었으니 나도 바뀔 수 있어'라는 생각을 주위 사람에게 심어주는 계기가 됩니다. 실천 여부는 각자의 선택과 판단에 따르겠지만 당신이 바뀌면 당신 주위 사람도 서서히 바뀝니다.

그럼 오늘의 과제입니다. 자신이 '손에 넣은 것'에 대해 어제와 마찬가지로 빈 종이나 노트에 작성해주세요. 이 또한 사소한 일을 인정하는 연습입니다. 당신은 지금까지 인생을 살아오면서 많은 것을 손에 넣어왔을 겁니다. 물론 이미 잃은 것도 있을 테죠. 여기서는 잃은 것은 생각할 필요 없습니다.

일단 '손에 넣은 것'에 집중해서 작성해봅시다. 예를 들어 '이 책을 손을 넣었다', '지금까지 과제를 성실하게 수행해온 자신을 손에 넣었다', '책을 구입할 정도의 돈을 손에 넣었다' 등 오늘의 과제도 적다 보면 끝이 없을 테니 적당히 제한 시간을 두고 가능한 한 많이 적어봅시다.

책이나 돈과 같이 눈에 보이는 것만 말고 눈에 보이지 않는 것도 생각해봅시다. 예를 들어 어떤 대회에 출전한 경험이 있다면 그 경험도 손에 넣은 것에 해당합니다. 봉사활동으로 칭찬을 받아서 '칭찬받는 일을 더 하고 싶다'라는 생각을 가지게 되었다면 그런 생각이나 감정도 손에 넣은 것이고 새로운 친구를 사귀었다면 이 또한 손에 넣은 것입니다.

손에 넣은 것을 눈에 보이는 것만으로 한정하지 맙시다. 눈에 보이지 않는 것도 글로 표현해보면 지금까지 인생에서 수많은 것을 손에 넣어왔다는 사실을 깨닫게 될 것입니다.

오늘의 과제는 아래와 같습니다.

① '손에 넣은 것'을 작성하고 느낀 점이나 감상을 자유롭게 다음 페이지에 적어주세요.

② 오늘을 뒤돌아보고 좋았던 일을 다음 페이지에 세 가지 적어주세요.

③ 오늘을 뒤돌아보고 느낀 점이나 감상을 다음 페이지에 자유롭게 적어주세요.

Day20에서 세운 목표를 달성하기 위한 행동을 실천하면서 느낀 점이 있다면 그것도 ③에 적어주세요.

그럼 내일 또 만나요.

Day
23

Date . . .

1. '손에 넣은 것'을 작성하고 느낀 점이나 감상을 자유롭게 적어주세요.

2. 오늘을 뒤돌아보고 좋았던 일을 세 가지 적어주세요.

①

②

③

3. 오늘을 뒤돌아보고 느낀 점이나 감상을 자유롭게 적어주세요.

Day 24

받은 것

Day20에서 작성한 목표는 잘 실천하고 있나요? 당신이 세운 목표는 세상의 문제를 고민한 끝에 이끌어낸 목표입니다. 따라서 달성하면 당신이 그리는 이상적인 세상에 한 걸음 더 다가가게 되는 셈입니다.

이상적인 세상과 목표를 작성한 페이지를 보면 어떤 기분이 드나요? '이걸 해야 하는구나' 하고 의무감에 가까운 기분이 든다면 본심은 달성하고 싶은 마음이 아닐지도 모릅니다.

또한 목표달성 경험이 적은 분은 '이번에도 어쩌면 실패할지 몰라' 하고 불안감을 느낄지도 모릅니다. 이런 불안함이 의무감을 느끼게 하는 원인일 수 있습니다. 현상유지 메커니즘도 목표달성이 익숙하지 않기 때문에 불안감을 더 부채질합니다.

하지만 달성하지 못해도 '만약 다시 한 번 한다면……' 하고 질문해서 개선점을 찾을 수 있다면 그것으로도 충분합니다. 어쩌면 자신의 능력 밖인 목표를 설정했기 때문인지도 모르고 달성이 눈앞에 보여 방심했을 수도 있습니다. 이유가 어찌 됐든 도전해서 얻은 개선점을 다음번 목표달성을 위한 밑거름으로 삼으면 됩니다.

그렇기 때문에 불안하다고 행동하지 않을 이유가 없습니다. 아무것도 하지 않으면 '도망쳤다'는 사실만 남을 뿐입니다. 행동하면서 '이건 아니야'라는 생각이 든다면 주저 없이 바꿔도 됩니다.

어제는 '손에 넣은 것'에 대해 작성해봤습니다. 당신은 눈에 보이는 것을 비롯해서 눈에 보이지 않는 것 등 많은 것을 손에 넣어왔습니다.

물론 손에 넣었지만 빠져나간 것도 많을 것입니다. 강제적으로 빼앗긴 것도 있겠죠. 이 모든 것이 모여 지금의 당신을 만들었습니다.

당신은 어제와 그제 이틀 동안에 과제를 실천하면서 '깨닫는 힘'이 크게 향상되었을 겁니다. 오늘은 그 힘을 좀 더 끌어올려 보겠습니다.

오늘의 과제는 '받은 것'입니다. 우리는 손에 넣은 것뿐만 아니라 받은 것이 있기 때문에 살아갈 수 있습니다.

예를 들어 생명이 그렇습니다. 생명은 스스로 만드는 게 아니라 어머니의 몸속에서 길러진 후에 비로소 탄생합니다. 몸속의 장기를 비롯해서 무엇 하나 자신이 만든 것은 없습니다.

그럼 공기는 누가 만들었을까요? 우리는 공기가 없으면 살 수 없습니다만 우리 자신이 만들지 않았습니다. 뭔가 거대한 힘에 의해 만들어졌고 우리는 그것을 호흡하며 생명을 유지합니다.

문자도 마찬가지입니다. 스스로 문자를 만들어서 사용하는 사람은 없습니다. 누군가가 문자를 발명했고 많은 사람이 오랫동안 사용했기 때문에 우리도 문자를 사용하고 지식과 생각을 표현하고 이해할 수 있는 것입니다.

치안도 예로 들 수 있습니다. 치안은 누가 유지하나요? 치안을 담당하는 분들이 국민의 세금으로 급여를 받으면서 유지합니다. 즉 안전한 나라도 '받은 것'입니다.

이처럼 우리는 평소에 의식하지 못하는 많은 '받은 것'으로 살아가고 있습니다. 당연한 일이라고 생각해서 감사하는 마음도 없습니다. 오늘의 과제를 통해 알지 못하는 곳에서 많은 것을 받고 있음을 깨닫고 감사하는 마음을 갖는 계기가 되기를 바랍니다.

오늘도 어제, 그제와 마찬가지로 빈 종이나 노트에 '받은 것'을 시간을 정해두고 작성해주세요. 그리고 느낀 점을 노트에 작성해주세요.

오늘의 과제는 아래와 같습니다.

① '받은 것'을 작성하고 느낀 점이나 감상을 자유롭게 다음 페이지에 적어주세요.
② 오늘을 뒤돌아보고 좋았던 일을 다음 페이지에 세 가지 적어주세요.
③ 오늘을 뒤돌아보고 느낀 점이나 감상을 다음 페이지에 자유롭게 적어주세요.

Day20에서 세운 목표를 달성하기 위한 행동을 실천하면서 느낀 점이 있다면 그것도 적어주세요. 그럼 내일 또 만나요.

Day
24

Date . . .

1. '받은 것'을 작성하고 느낀 점이나 감상을 자유롭게 적어주세요.

2. 오늘을 뒤돌아보고 좋았던 일을 세 가지 적어주세요.

①

②

③

3. 오늘을 뒤돌아보고 느낀 점이나 감상을 자유롭게 적어주세요.

Day 25

내가 돈을 들인 것

49일 동안의 수행도 오늘로 딱 절반 지점이 되었습니다. 그간의 경험에 따르면 전반과 후반으로 나눴을 때 후반이 좀 더 빨랐습니다. 학창 시절 때도 2학기가 1학기보다 빨랐다는 생각이 듭니다.

전반은 아무래도 새로운 환경이 익숙하지 않기 때문에 환경 적응에 에너지를 많이 소모합니다. 그러다가 환경에 익숙해지면서 에너지 소모도 적어지고 다른 곳에 에너지를 쏟게 되죠.

예를 들어 이 노트를 시작한 당시는 노트를 펼치는 일에도 에너지를 사용해야 했다면 지금은 자신이 정한 타이밍에 노트를 펼쳐보는 게 익숙해졌을 겁니다. 남은 기간은 오늘을 포함해서 25일입니다. 빠르게 지나갈 테니 하루하루를 소중하게 생각합시다.

어제는 '받은 것'에 대해 적어봤습니다. 물이나 공기, 전기, 가스, 도로, 시간, 언어, 돈 등 당연하게 생각하고 사용했던 것이 많았으리라 생각합니다.

우리는 눈에 보이지 않는 많은 것들 덕분에 삶을 영위할 수 있습니다. 예를 들어 식당에서 카레를 먹는다고 합시다. 음식이 눈앞에 나오기까지는 얼굴도 모르는 많은 사람의 정성이 깃들어 있습니다. 카레를 담는 식기를 우리 스스로가 만들지는 않습니다. 카레에 들어가는 고기도 사료를 먹이고 기른 사람이 따로 있고 도축을 하는 사람, 음식으로 조리하는 사람도 필요합니다. 쌀도 마찬가지죠. 자신이 못하는 수많은 일을 다른 사람이 대신해 주는데도 1만 원 정도면 사 먹을 수 있습니다.

눈에 보이는 것 뒤에는 수많은 눈에 보이지 않는 것이 감춰져 있습니다. 이런 사실을 평소에도 생각하고 살면 일상생활에서 불만을 느끼는 일이 적어지고 행복이 충만해집니다. 평소에 눈에 보이지 않는 것을 글로 표현하는 습관을 꼭 가져보시길 바랍니다. 많이 찾을수록 행복한 인생을 보낼 수 있습니다.

오늘의 과제는 '돈을 들인 것'입니다. 이 과제는 당신의 강점을 찾는 데도 도움이 됩니다. 돈을 들인다는 것은 그만큼 당신의 진심이 담겨 있다는 말이기도 하니까 말이죠.

자신 이외의 다른 사람이 지불한 것은 제외입니다. 예를 들어

10대 시절 학비나 학용품 등이 그렇습니다. 지금까지 어떤 일과 물건에 자신의 돈을 들여왔는지 빈 종이나 노트에 작성해봅시다.

지금 이 책을 읽고 있는 분이라면 강연이나 교재, 책 등 자기계발을 위해 많은 투자를 해왔으리라 생각합니다. 이를 '자기 투자'와 '강연 참가' 등으로 뭉뚱그리지 말고 하나하나 구분해서 작성해주세요.

예를 들어 제 이야기를 하면 첫 자기 투자는 『다이너마이트 모티베이션』이라는 5만 엔이나 하는 CD교재였습니다. 『마음의 브레이크 없애는 법』의 부록 CD를 보고 감명을 받아 CD교재까지 구매하려고 한 것인데 가격 때문에 주저했던 기억이 있습니다. '5만 엔이나 한다고?' 지금이라면 자기에게 하는 투자는 결국 자신에게 돌아온다는 사실을 알지만 당시에는 그렇지 못했습니다. '정말 사도 괜찮을까?' 하고 며칠 동안 망설이던 게 어제처럼 느껴지네요.

하지만 '망설인다는 건 또 다른 나 자신이 필요하다고 느끼는 것'이라고 생각하고 두 눈 질끈 감고 구매 버튼을 눌렀습니다. 결과적으로 그 교재에서 배운 것을 토대로 이렇게 책도 냈으니 숫자로 표현할 수 없을 정도로 이득을 본 셈입니다. 그때 제 직감이 옳았던 거죠. 당시의 제 자신에게 감사하다는 말을 전하고 싶네요.

이렇게 저는 저만이 겪은 경험을 유일무이한 가치로 탄생시켜 책을 통해 여러 사람과 공유하고 있습니다.

당신은 어떤 경험에 돈을 들이셨나요? 문자로 작성해봅시다. 글로 표현해보면 얼마나 많은 경험을 했는지 깨닫게 됩니다. 그리고 그것은 당신만의 경험이며 유일무이한 가치가 있습니다.

오늘의 과제는 아래와 같습니다.

① 돈을 들인 것을 작성하고 느낀 점이나 감상을 자유롭게 다음 페이지에 적어주세요.

② 오늘을 뒤돌아보고 좋았던 일을 다음 페이지에 세 가지 적어주세요.

③ 오늘을 뒤돌아보고 느낀 점이나 감상을 다음 페이지에 자유롭게 적어주세요.

Day20에서 작성한 목표를 달성하기 위한 행동을 하면서 느낀 점이 있다면 그것도 적어주세요. 그럼 내일 또 만나요.

Day
25

Date . . .

1. 돈을 들인 것을 작성하고 느낀 점이나 감상을 자유롭게 적어주세요.

2. 오늘을 뒤돌아보고 좋았던 일을 세 가지 적어주세요.

①

②

③

3. 오늘을 뒤돌아보고 느낀 점이나 감상을 자유롭게 적어주세요.

Day 26

내가 시간을 들인 것

어제는 돈을 들인 것에 대해 '자신의 돈'에 한정해서 생각해봤습니다. 아르바이트나 직장을 다니며 번 돈으로 얻은 경험이 많았을 것으로 생각됩니다.

어릴 때 받은 용돈도 '자신의 돈'이라고 생각해도 됩니다. 만약 어릴 때 받은 용돈을 제외했다면 그것을 포함해서 다시 생각해 보기 바랍니다.

'어제 그렇게 말해줬으면 좋았잖아요' 하고 생각하실지 모르겠지만 미리 말했다면 '이렇게 분리해서 생각할 수 있구나!' 하는 깨달음을 못 얻었을 테고 사고의 시야도 넓어지지 않았을 겁니다.

과제로 제시하지는 않겠지만 여유가 있다면 '앞으로 돈을 들일 것'에 대해서도 작성해봅시다. 자신을 바꾸고 싶다면 지금까지의 돈 쓰는 방식을 뒤돌아보고 이상적인 돈 쓰기로 전환하는 방법도 추천합니다. 어제의 과제를 통해 지금까지 어떻게 돈을 써왔는지 알 수 있었을 테니 다음은 '이상적인 자신이라면 어떻게 돈을 쓸까?'를 생각해보는 겁니다.

오늘의 과제는 시간에 대해 알아보겠습니다. 태어나서 지금까지 어디에 시간을 들였는지 생각해봅시다. 이번에는 특별히 제한이 없습니다. 어릴 때부터 생각해봅시다. 우리는 학창 시절을 비롯해서 회사원, 아르바이트, 동아리 활동, 운동이나 취미, 게임 등 많은 것에 시간을 들여왔습니다.

스스로 적극적으로 시간을 들인 일도 있을 테고 강제적으로 시간을 들인 일도 있습니다. 생각해보면 많은 일이 떠오를 것입니다. 그 시간들은 당신의 가치를 형성하는 데 지대한 역할을 했고 어떻게 시간을 사용했는가에 따라 지금의 당신, 그리고 당신의 인생이 만들어졌습니다.

비즈니스 브레이크스루 대학의 학장인 오마에 겐이치大前研一 씨가 이런 말을 했습니다.

"인간이 바뀌는 방법은 세 가지밖에 없습니다. 첫 번째는 시간 배분을 바꾸는 것. 두 번째는 사는 곳을 바꾸는 것. 세 번째는 만나는 사람을 바꾸는 것. 이 세 가지 요소만이 인간을 바꿉니다. 가장 무의미한 일은 '결의를 다지는 것'입니다."

당신은 여기까지 25일 동안 시간 배분을 바꿔왔습니다. 이를 인생 전체를 바꾸는 계기로 삼는 게 이번 과제의 테마입니다.

당신이 지금까지 인생에서 어떤 일에 시간을 들여왔는지 시간을 정해서 생각나는 대로 작성해주세요. 적다 보면 당신이 인생에서 중요하다고 생각해온 것이 무엇인지 드러날 겁니다. 지금의 인생이 만족스럽다면 계속 그대로 살면 되고 바꾸고 싶다면 자신이 하고 싶은 일에 시간을 투자해야 합니다.

'항아리 이야기'를 아시나요? 어떤 대학 교수가 수업 중에 큰 항아리를 교단에 올려놓고 항아리가 가득 찰 정도로 돌멩이를 넣고는 학생들에게 가득 찼냐고 물었더니 '가득 찼어요'라는 답변이 돌아왔습니다. 그러자 교수는 숨기고 있던 모래와 물을 돌멩이 사이로 넣었습니다. 학생들은 아무리 일정이 꽉 차있다 해도 최대한 노력을 하면 일정을 지킬 수 있음을 이야기해주려는 것이라고 생각했다고 합니다. 하지만 교수의 생각은 달랐습니다. 큰 돌멩이를 먼저 넣지 않으면 두 번 다시 큰 돌멩이를 넣을 여지가 생기지 않는다는 것입니다. 여기서 말하는 '큰 돌멩이'란 학생들에게 있어 가장 중요한 것을 의미합니다.

항아리는 시간을 의미합니다. 당신은 항아리 속에 무엇을 넣고 싶나요? 그리고 한번 항아리를 비운다면 앞으로 무엇을 넣고 싶은가요? 물론 지금까지 해온 일을 바로 버리기는 쉽지 않습니다. 하지만 무엇을 버려야 하는지 알지 못하면 공간을 만들지 못하고 공간을 만들지 못하면 새로운 것을 넣을 수 없습니다.

당신에게 돌멩이는 무엇인가요? 생각을 글로 표현해봅시다. 문자로 나타내지 않고 머리로만 생각하면 의미가 없습니다. 반드시 글로 표현해주세요.

오늘의 과제는 아래와 같습니다.

① 지금까지 인생에서 시간을 들인 것을 작성하고 느낀 점이나 감상을 자유롭게 다음 페이지에 적어주세요.

② 오늘을 뒤돌아보고 좋았던 일을 다음 페이지에 세 가지 적어주세요.

③ 오늘을 뒤돌아보고 느낀 점이나 감상을 다음 페이지에 자유롭게 적어주세요.

Day20에서 작성한 목표를 달성하기 위한 행동을 하면서 느낀 점이 있다면 그것도 적어주세요. 그럼 내일 또 만나요.

Day 26

Date . . .

1. 지금까지 인생에서 시간을 들인 것을 작성하고 느낀 점이나 감상을 자유롭게 적어주세요.

2. 오늘을 뒤돌아보고 좋았던 일을 세 가지 적어주세요.

①

②

③

3. 오늘을 뒤돌아보고 느낀 점이나 감상을 자유롭게 적어주세요.

Day 27 나의 뛰어난 점

당신은 어제의 과제를 통해 자신의 '큰 돌멩이'가 무엇인지 발견했나요? 그 '큰 돌멩이'가 지금까지의 인생에서 필요하다고 생각되면 그대로 두면 됩니다. 다만 항아리 내용물을 다른 돌로 바꾸고 싶다면 먼저 항아리부터 비워야 합니다.

자신에게 중요도가 낮은 것부터 시간이라는 항아리를 채우면 당신의 인생은 중요하지 않은 것들로 가득 차게 됩니다.

'그래도 쉽게 버릴 수는 없어요'라고 생각할지도 모르겠습니다. 만약 그렇다면 선택지는 두 가지입니다. 하나는 버리는 것이고 다른 하나는 그것을 가장 중요한 것으로 받아들이는 것입니다.

자신이 갖고 있는 것이 가장 중요하다고 받아들이고 대하는 방식을 바꾸면 지금까지 수동적이었다면 주체적으로 행동할 수 있습니다. 주체적으로 행동하면 지금까지 깨닫지 못한 즐거움을 발견할 수 있고 나아가 발전시키기 위해 창의력을 발휘하게 됩니다. 그리고 창의력이 향상되면 성과와 무관하게 즐길 수 있습니다.

'잘하려면 도대체 어떻게 해야 하는 걸까?'

이런 식으로 자신에게 질문하면 뇌에서 아이디어를 만들어냅니다. 그리고 그 아이디어를 실천하면서 겪는 시행착오와 에피소드로 일상은 즐거워집니다.

어린 시절을 떠올려봅시다. 난이도가 높은 게임이나 퍼즐을 스스로 해결하고 기쁨을 느껴본 적이 있을 겁니다. 만약 난이도가 낮았다면 금세 해결할 수 있어 성취감은 있었을지 몰라도 재미는 느낄 수 없었을 겁니다.

큰 돌멩이로 바꿔 넣는 것은 물론이고 지금 들어 있는 큰 돌멩이를 대하는 방식을 바꾸는 것도 일상을 즐겁게 해줍니다. 인생은 일상이 모여 이루어집니다. 즐거운 일상이 쌓이면 즐거운 인생이 되는 것입니다.

그럼 오늘의 과제인 '나의 뛰어난 점'을 작성해봅시다. 생각만큼 쉽지 않은 과제입니다. 왜 그런지 '나는 뛰어난 점이 없어요!'

하고 단정지어 말하는 사람이 많습니다. 제 기준에서 말씀드리면 이렇게 단정해서 말할 수 있다는 사실 자체가 아주 뛰어난 점입니다.

지금까지 긴 인생을 살아온 당신에게는 분명 뛰어난 점이 많습니다. 하지만 이처럼 인정하지 못하는 데에는 한 가지 이유가 있습니다.

바로 '남이 인정해주지 않으면 뛰어난 게 아니다'라고 스스로 정의하고 있기 때문이죠. '뛰어나다'의 기준이 자신이 아니라 남인 것입니다.

당연히 큰 실적을 남기면 주위 사람들의 인정을 받고 '나는 뛰어나구나!' 하고 생각하는 게 인지상정입니다. 하지만 실적은 과거의 일입니다. 실적을 인정받는다는 것은 과거의 자신을 인정받는 것일 뿐이고 현재와 미래의 자신과는 무관합니다.

'실적이 없어서 자신이 없어요'라는 사람이 많은데 '그럼 자신이 없는데 실적을 어떻게 올릴 수 있나요?' 하고 반문하면 그제야 깨닫기도 합니다.

이번 과제는 '나의 뛰어난 점'입니다. 물론 '과거에 이런 실적을 거뒀다'는 내용도 좋지만 가능하면 '지금 자신의 뛰어난 점'을 적어봅시다. 방법은 이전과 같습니다. 빈 종이나 노트에 생각나는 대로 적으면 됩니다.

우리의 선조는 '자화자찬'이라는 멋진 말을 남겼습니다. 이번 기회에 자화자찬해봅시다. 예를 들어 '27일 동안이나 노트를 작성했다', '오늘도 출근했다', '오늘도 집안일을 했다', '생각을 글로 표현할 수 있다' 등 칭찬할 거리는 무수히 많습니다.

'음……. 출근하는 게 내세울 만한 일인가?' 하고 생각할지도 모르겠지만 결정을 내리는 사람은 그 누구도 아닌 바로 당신입니다. 100개 정도 작성해보라고 하고 싶지만 이번에도 적당한 제한 시간을 두고 생각나는 대로 작성해봅시다.

오늘의 과제는 아래와 같습니다.

① 당신이 생각하는 '뛰어난 점'을 작성하고 느낀 점이나 감상을 자유롭게 다음 페이지에 적어주세요.

② 오늘을 뒤돌아보고 좋았던 일을 다음 페이지에 세 가지 적어주세요.

③ 오늘을 뒤돌아보고 느낀 점이나 감상을 다음 페이지에 자유롭게 적어주세요.

'목표달성을 위해 매일 실천하는 난 누가 뭐래도 뛰어나!'라고 써도 괜찮아요.

그럼 내일 또 만나요.

Day 27

Date . . .

1. 당신이 생각하는 '뛰어난 점'을 작성하고 느낀 점이나 감상을 자유롭게 적어주세요.

2. 오늘을 뒤돌아보고 좋았던 일을 세 가지 적어주세요.

①

②

③

3. 오늘을 뒤돌아보고 느낀 점이나 감상을 자유롭게 적어주세요.

Day 28

Week04 뒤돌아보기

4주째도 수고하셨습니다. 이제 한 달 정도 진행되었네요. 처음 시작할 때는 한 달은 고사하고 사흘도 못 버틸 거라고 생각했을 겁니다. 한 달은 멀고 먼 미래라고 생각했을 테죠. 하지만 지금 생각하면 순식간에 지났음을 알 수 있습니다. 그리고 그 순식간의 시간이 노트에 고스란히 적혀 있습니다.

1일째부터 살펴보도록 하죠. 자신이 쓴 글을 보니 '뭐야? 너무 유치하잖아'라는 생각이 들어 민망한가요? 하지만 이런 생각이 드는 것은 당신이 성장했다는 증거입니다.

이번에는 지난 28일 동안을 뒤돌아보고 자신이 이룬 성과와 좋았던 일 등을 적어보고 동시에 어떤 느낌이 드는지 그 감상도 함께 작성하는 과제를 준비했습니다.

제가 과거를 뒤돌아보라는 요청을 자주하는데 어떠신가요? 혹시 귀찮거나 싫지는 않은가요? 왜 이런 질문을 드리는가 하면 저는 뒤돌아보는 일이 싫었기 때문입니다.

평소에 기대 이상의 성과나 보람을 느끼고 있다면 뒤돌아봤을 때 자신감이 더 붙습니다. 하지만 성과가 나오지도 않고 보람도 느끼지 못한다면 자신감이 떨어질 수밖에 없습니다. 그래서 불안감만 더 커지죠. '불안해지기 때문에 뒤돌아보고 싶지 않다'는 패턴에 빠져 있는 사람이 많습니다.

큰 성과는 쉽게 나올 리가 없습니다. 물론 새로운 도전에서 바로 큰 성과를 거두는 사람도 있습니다. 하지만 그것은 새로운 도전임에도 바로 성과를 냈다고 하기보다는 '큰 성과를 낼 준비를 갖추고 있었기 때문에 새로운 일에 도전해도 성과를 바로 낼 수 있었다'라고 생각하는 게 맞습니다.

뒤돌아보는 일이 싫은 사람은 타인과 자신을 비교하는 경우가 많습니다. '이렇게 열심히 했는데 이것밖에 못 한 거야?' 하고 자신을 질책할 필요는 절대 없습니다. 자기 나름대로 이룬 성과를 인정하고 칭찬하면 됩니다.

예를 들어 아기가 뒤집기를 하고 일어서서 아장아장 걷기 시작했다고 합시다. 그 모습을 보면 누구나 칭찬합니다. '뭐야, 이게 겨우 선 거야? 몇 초도 못 버티잖아! 좀 더 똑바로 걸어봐' 하고 아기를 비난하지는 않습니다. '대단해! 힘내! 더 잘할 수 있어' 하고 응원하고 도중에 넘어져도 '괜찮아', '잘했어' 하고 힘을 북돋아 줍니다. 그리고 아기는 그 응원 소리에 성장하는 모습을 보여 줍니다.

그런데 왜 자신에게는 '이것밖에 못 해!' 하고 비난하는 걸까요? 작은 성과가 쌓여야 큰 성과가 됩니다. 작은 성과도 인정하지 못하면서 어떻게 큰 성과를 인정할 수 있을까요?

큰 성과를 냈다고 해도 그 순간만 자신을 인정하고 기쁠 뿐 곧바로 남들과 비교해서 '뭐야, 저 사람에 비하면 내가 한 일은 볼품없구나' 하고 다시 자신을 비난합니다.

남과 비교하면 평생 자신을 인정할 수 없기 때문에 남의 일에는 신경 쓸 필요가 없습니다. 그럼에도 머리로는 알지만 자기도 모르게 남들 눈을 의식하게 되는 것도 잘 압니다. 하지만 당신은 여기까지 열심히 노력했습니다. 누구를 위한 노력이었나요? 그 누구도 아닌 당신 자신을 위한 노력이었습니다. 그런 모습을 가장 가까이에서 보고 느꼈던 당신이 자신을 칭찬하지 않고 누가 칭찬할 수 있다는 말인가요?

당신이 당신 자신을 위해서 노력한 일입니다. 남의 눈치 볼 것 없이 당당하게 자신을 칭찬하기 바랍니다.

다른 사람과 비교하면 작은 성과일지도 모릅니다. 하지만 그것이 지금 당신의 실력입니다. 그 실력을 최대한 발휘해야 성장할 수 있습니다. 열심히 노력하는 자신을 보고 비웃는 사람도 있을 겁니다. 비웃는 사람은 비웃도록 내버려두면 그만입니다. 당신은 당신의 길을 걸어가길 바랍니다. 자신의 속도로 꾸준히 계속하다 보면 비웃던 사람들은 당신보다 멀리 뒤처져 있을 테니 말입니다.

다시 한 번 더 말씀드립니다. 자신이 노력한 일을 칭찬하는 데 남을 의식할 필요는 없습니다.

오늘의 과제는 아래와 같습니다.

① 4주 동안을 뒤돌아보고 이룬 성과, 좋았던 일을 작성하고 느낀 점이나 감상을 자유롭게 다음 페이지에 적어주세요.

② 만약 다시 한 번 Week04가 주어진다면 어떻게 할 것인지 생각나는 대로 다음 페이지에 적어주세요.

③ 오늘을 뒤돌아보고 느낀 점이나 감상을 다음 페이지에 자유롭게 적어주세요.

그럼 내일 또 만나요.

Day 28

Date . . .

1. 4주 동안을 뒤돌아보고 이룬 성과, 좋았던 일을 작성하고 느낀 점이나 감상을 자유롭게 적어주세요.

2. 만약 다시 한 번 Week04가 주어진다면 어떻게 할 것인지 생각나는 대로 적어주세요.

3. 오늘을 뒤돌아보고 느낀 점이나 감상을 자유롭게 적어주세요.

memo

Week 05

태도 바꾸기

Day 29

기적의 확률

지금까지는 자신의 내부에 초점을 맞춘 과제가 많았지만 앞으로 3주 동안은 외부에 초점을 맞추겠습니다. 행동이 필요한 과제를 제시하는 날은 실천하지 않으면 다음 날 과제에 답변할 수 없습니다. '행동'이라고 해봐야 초등학생이면 할 수 있는 수준입니다. 다만 사람에 따라서는 심리적인 장벽이 높다고 생각할 수 있기 때문에 행동 자체는 간단하지만 시작하는 게 만만치 않은 과제가 있을 수 있습니다. 하지만 여기까지 수행해온 당신이라면 행동은 물론이고 실패해도 배움으로 승화시킬 수 있으리라고 생각합니다.

자신과 인생을 바꾸려면 지금까지와는 다른 행동이 필요합니다. 정말로 바꾸기로 결심했다면 이런저런 생각은 접어두고 과

감하게 실천합시다. 성공하지 못해도 괜찮습니다. 중요한 것은 행동했다는 사실입니다. 일이 잘 풀리지 않더라도 성장을 위한 밑거름으로 삼으면 됩니다.

『당신의 의욕 스위치를 켜는 유전자 이야기』라는 책을 보면 세포 한 개가 새롭게 탄생할 확률에 대한 이야기가 나옵니다. 세포 한 개가 새롭게 탄생할 확률은 1억 엔 복권이 연속으로 100번 당첨될 확률이라고 합니다.

이 책의 저자에 따르면 우리들 인간은 그 기적적인 확률로 탄생한 세포 37조 개로 이루어져 있습니다. 지구의 인구는 이 원고를 쓰고 있는 시점에서 78억 명을 넘어 80억 명을 바라보고 있습니다. 80억에 가까운 사람들 모두가 37조 개의 작은 세포가 모여 형성되어 있는 것입니다.

게다가 세포들은 우리가 의도하지 않아도 다투지 않고 조화롭게 협력합니다. 예를 들어 몸속의 장기는 자신의 역할을 하면서도 다른 장기의 역할을 돕습니다. 하지만 '심장아, 두 배 더 움직여!' 라고 말해도 의도대로 움직여주지 않습니다. 심장은 묵묵히 자기 속도대로 멈추지 않고 움직일 뿐입니다. 굉장한 일 아닌가요?

80억이라는 숫자를 제시했는데, 당연한 말이지만 우리는 모든 사람과 연결고리를 갖지 못합니다. 많은 사람과 연결고리를 만들었다고 해도 모든 사람을 기억할 수는 없습니다. 자신의 인생에서 불필요한 존재는 이름도 얼굴도 잊어도 됩니다(반대로 말해 기억하고 있다면 아무리 싫은 사람일지라도 필요한 존재입니다).

일본에서 평생 동안 만날 수 있는 사람을 1만 명이라고 가정한다면 1만÷1억 2,000만=0.00008333, 즉 약 0.0083퍼센트입니다. 정말로 굉장한 확률입니다. 기적에 가깝다고 해야겠죠. 이런 확률로 만나는 사람은 특별한 의미가 있다고 생각해야 마땅합니다.

하루에 출판되는 책만 해도 수백 권은 됩니다. 이렇게 무수히 많은 책 중에서 당신은 이 책을 선택했고 자신을 바꾸기 위한 도전을 저와 함께하고 있습니다.

우리는 기적의 한가운데에 서있습니다. 물론 이 책이 아닌 다른 책도 마찬가지이며 당신이 평소에 만나는 사람들 모두도 기적에 가까운 확률을 뚫고 당신의 눈앞에 나타난 것입니다.

그럼 오늘의 과제를 말씀드리겠습니다.

당신은 사람과의 관계를 소중히 하기 위해 어떤 일을 할 수 있나요? 그것을 내일 곧장 행동으로 옮기기 바랍니다. 할 수 있는 일은 아주 많겠지만 한 가지만 선택해서 행동해도 됩니다.

'한동안 뜸했던 지인에게 문자메시지 보내기'도 좋습니다. '엽서 쓰기'도 좋습니다. '커피 한 잔 사기'도 좋습니다. 부담이 되지 않는 수준에서 할 수 있는 일이라면 뭐든 좋습니다.

행동할 때는 이 사람과의 인연이 '기적'임을 떠올리기 바랍니다. 문자메시지 한 줄을 보내더라도 상대를 생각해서 신중하게 말을 고르게 될 것입니다. 그리고 이런 마음가짐은 상대에게 고스란히 전달됩니다.

오늘의 과제는 아래와 같습니다.

① 사람과의 관계를 소중히 하기 위해 무슨 일을 할 수 있나요? 다음 페이지에 생각나는 대로 적고 내일 실천할 것에 붉은 펜으로 동그라미를 쳐주세요.

② 오늘을 뒤돌아보고 좋았던 일을 다음 페이지에 세 가지 적어주세요.

③ 오늘을 뒤돌아보고 느낀 점이나 감상을 다음 페이지에 자유롭게 적어주세요.

Day20에서 세운 목표를 잊은 건 아니시죠? 계속 파이팅하시길 바랍니다. 그럼 내일 또 만나요.

Day 29

Date . . .

1. 사람과의 관계를 소중히 하기 위해 무슨 일을 할 수 있나요? 생각나는 대로 적고 내일 실천할 것에 붉은 펜으로 동그라미를 쳐주세요.

2. 오늘을 뒤돌아보고 좋았던 일을 세 가지 적어주세요.

①

②

③

3. 오늘을 뒤돌아보고 느낀 점이나 감상을 자유롭게 적어주세요.

Day 30

당신만이 가능한 가치와 역할

만남을 소중히 하기 위한 행동을 실천해보고 어땠나요? 평소 아무렇지도 않게 하던 행동이지만 생각을 바꾸면 느낌도 다름을 알 수 있었을 겁니다. 오늘의 과제에 그 감상을 적어봅시다.

그럼 오늘은 자신의 족보에 대해 생각해보는 시간을 갖도록 합시다. 자신을 기준으로 1대를 거슬러 올라가면 부모님이 있고 부모님 위에는 조부모님이 있습니다. 이처럼 1대를 거슬러 오를 때마다 사람의 수는 두 배씩 늘어납니다. 즉 한 사람이 존재하려면 2명의 부모, 4명의 조부모, 8명의 증조부, 그리고 16명, 32명, 64명, 128명, 256명 등과 같이 기하급수적으로 증가하는 사람 수가 필요합니다.

이렇게 10대를 거슬러 오르면 몇 명이 될까요? 1,024명입니다. 20대는 어떨까요? 104만 8,576명입니다. 27대까지 거슬러 올라가면 1억 명이 되고 더 나아가 30대면 10억 7,374만 1,824 명이라는 조상이 존재합니다.

이 숫자는 과거로 거슬러 오를수록 점점 늘어서 표현이 불가능할 정도로, 그야말로 천문학적인 숫자가 됩니다.

지구에 생명이 탄생한 것은 약 38억 년 전이라고 합니다. 최초에 바다에서 탄생한 생물은 작열하는 지옥과 같은 환경에서 살아남아 육지로 올라왔습니다. 다음으로 빙하기를 맞아 굶주림과 추위로 많은 생물이 끊임없이 죽었지만 이 또한 이겨냈습니다. 이후 온난한 기후가 되면서 이번에는 수많은 종류의 생물이 나타났습니다. 우리의 선조는 공룡과 같은 거대한 생물의 공격도 이겨내고 살아남았습니다.

만약 제가 이런 시대에 살고 있다면 도저히 살아남을 자신이 없습니다. 하지만 우리들 모두는 이런 시대를 이겨낸 선조들의 유전자를 물려받은 기적적인 존재이며 동시에 38억 년 지구의 역사에서 최선봉에 위치하고 있습니다.

그런 우리가 살고 있는 현대는 시시콜콜하게도 남들과 비교당하기 일쑤입니다. 하나의 기준으로 비교하면 차이가 반드시 생길 수밖에 없습니다. 하지만 38억 년의 기적을 거쳐 여기에 존재하고 있는 우리에게 비교 따위가 과연 필요할까요?

우리가 살고 있는 대자연 속에는 불필요한 것은 존재하지 않습니다. 존재한다고 말하는 사람도 있을지 모르지만 그것은 그 사람의 가치 기준으로 판단한 것일 뿐이고 자연의 시점에서 보면 불필요한 것은 존재하지 않습니다.

만약 존재한다면 불필요함을 증명해야 하는데 과연 증명할 수 있을까요? 우리들 한 사람 한 사람은 자연의 일부입니다. 자연에 불필요한 존재가 없다는 것은 우리에게도 불필요한 존재가 없다는 의미입니다.

'그럼 저의 가치와 역할은 뭔가요?' 하고 묻는 분이 계실지도 모르겠네요. 그 답변은 누군가가 대신해줄 수 없습니다. 스스로 답하면 되기 때문이죠. 당신은 이 세상에서 유일무이한 존재이기 때문에 당신이 자신의 가치와 역할을 스스로 창조하면 됩니다.

그런데 학교 교육에만 익숙한 사람들은 '음…… 그렇다면 어떻게 창조하란 말이죠?' 하고 답변이나 해결책을 물어봅니다. 모르면 당신 눈앞에 있는 일부터 자신만이 할 수 있는 가치와 역할이라고 생각하고 도전해보길 바랍니다.

눈앞에서 벌어지고 있는 일은 과거의 당신이 선택하고 결정한 것에서 비롯되었습니다. 예를 들어 제가 이렇게 책을 낸 것은 출판 요청을 받고 수락했다는 과거가 있기 때문입니다. 이 책을 쓸 수 있는 사람은 세상에서 오직 저밖에 없기 때문에 저만이 할 수 있는 가치와 역할이라고 생각하고 최선을 다해서 썼습니다.

내일 당신이 도전해야 할 일은 '자신만의 가치와 역할'을 믿고 눈앞의 일을 처리해보는 겁니다. 어쩌면 누구나 할 수 있는 일이라고 생각할지 모르겠지만 일부러라도 자신만이 할 수 있는 가치와 역할이라고 생각하고 행동했을 때 어떤 느낌이 드는지 작성해봅시다.

오늘의 과제는 아래와 같습니다.

① 사람과의 관계를 소중히 하기 위해 실천해본 행동에서 무엇을 느꼈는지 다음 페이지에 적어주세요.
② 오늘을 뒤돌아보고 좋았던 일을 다음 페이지에 세 가지 적어주세요.
③ 오늘을 뒤돌아보고 느낀 점이나 감상을 다음 페이지에 자유롭게 적어주세요.

Day20에서 세운 목표도 잊지 마세요. 달성을 위해 계속 파이팅하시길 바랍니다.

그럼 내일 또 만나요.

Day 30

Date . . .

1. 사람과의 관계를 소중히 하기 위해 실천해본 행동에서 무엇을 느꼈는지 적어주세요.

2. 오늘을 뒤돌아보고 좋았던 일을 세 가지 적어주세요.

①

②

③

3. 오늘을 뒤돌아보고 느낀 점이나 감상을 자유롭게 적어주세요.

Day 31 자세 바로잡기

오늘은 '이건 나밖에 할 수 없는 가치와 역할이다'라고 믿으며 하루를 보냈으리라 생각합니다. 믿음이 다소 약해질 때도 있었을 겁니다. 어쩌면 도저히 그런 생각을 갖지 못했을지도 모르고요. 이 또한 하나의 깨달음이므로 전혀 문제가 없습니다. 낙담할 필요 없습니다.

'부정적인 감정은 굳이 글로 쓸 이유가 없다'라고 생각하는 사람이 정말 많습니다. 과제는 '느낀 점 쓰기'입니다. 즉 긍정과 부정은 판단할 필요가 없다는 뜻입니다.

오히려 부정적인 감정은 감추고 긍정적인 면만 쓰는 것이 더 문제입니다. '부정적인 자신을 감추고 긍정적인 자신을 보여주고 싶다'는 마음은 알겠지만 그러면 그럴수록 자신에게 거짓말만 하게 되고 '나는 자신에게 불리한 일은 감추는 인간입니다'라는 암시를 거는 꼴이 됩니다.

작성한 내용은 남에게 보여줄 게 아니므로 생각한 대로 느낌을 적어주세요. 부정적인 감정은 결코 나쁜 게 아닙니다. 조상들이 살아남기 위해 필요했던 감정이기 때문에 우리에게 남겨진 것입니다. 만약 부정적인 감정이 없다면 위험에 처했을 때 반응하지 못하고 목숨까지 잃는 일이 생길 수도 있습니다.

부정적인 감정을 억지로 누르지 말고 자신의 감정에 솔직한 삶을 사는 게 있는 그대로의 자신으로 사는 길입니다.

그렇지만 부정적인 감정이 지나치게 강하면 행동할 용기를 잃고 맙니다. 그래서 오늘은 부정적인 감정을 있는 그대로 느끼는 방법에 대해 설명하겠습니다. 잘 읽어보시고 내일 실천해보시기 바랍니다.

방법은 '자세 바로잡기'입니다. 지금 어떤 자세로 이 책을 읽고 계신가요? 구부정한 자세는 아닌가요? 가슴을 펴고 있나요? 허리는 꼿꼿이 세우고 있나요?

아마 거북목에 허리와 가슴은 굽히고 움츠린 모습이 아닐까 상상해봅니다.

의식적으로 목과 가슴과 허리를 똑바로 펴고 자세를 바로잡아봅시다. 자세를 바로잡으면 신기하게도 기분까지 바로잡히는 느낌이 듭니다.

실은 감정은 몸과 연결되어 있습니다. 시험 삼아 가슴을 펴고 미소를 가득 머금은 뒤에 손을 크게 벌리면서 '나는 기분이 나빠요!' 하고 외쳐봅시다.

(해보셨나요? 해보지 않았다면 일단 해보고 난 뒤에 다음으로 진행해주세요. 만약 하기가 꺼려진다면 현상유지 메커니즘이 작동하고 있다는 증거입니다.

'이런 게 무슨 의미가 있어?', '어차피 보는 사람도 없는데 누가 알겠어!'라는 생각에 설득 당해 '하지 않는다'는 선택을 한 것입니다. 당신은 '자신을 바꾸고 싶다'는 생각을 하고 있습니다. 하지만 무의식에서는 바뀌고 싶지 않다고 생각하기 때문에 간단한 일이지만 하지 않는 것입니다.)

아마 기분이 나쁘기는커녕 좋아질 것입니다. 반대로 가슴을 움츠리고 잔뜩 찡그린 얼굴로 '나는 기분이 좋아요' 하고 외쳐봅시다. 어떤가요? 기분이 나빠질 것입니다.

말에는 의미가 없습니다. 기분이 좋아지는 것도 나빠지는 것도 말로 결정되는 게 아니라 자세나 태도에 의해 결정됩니다.

당신이 대단하다고 생각하는 사람들을 관찰해보세요. 구부정하게 자세가 나쁜 사람은 없을 겁니다. 물론 예외도 있지만 당당하게 가슴을 펴고 리액션도 풍부한 사람이 대부분입니다. 분명 당신도 그런 사람들 사이에 끼고 싶을 테죠.

그러기 위해서라도 먼저 바른 자세를 갖도록 노력합시다. 바른 자세가 익숙하지 않으면 얼마 가지 못하고 금세 원래대로 돌아갑니다. 내일은 바른 자세로 하루를 보내고 어떤 느낌인지 기록해봅시다.

오늘의 과제는 아래와 같습니다.

① 어제의 과제 '자산만이 할 수 있는 가치와 역할'이라고 생각하고 행동했을 때 어떤 느낌이 들었는지 다음 페이지에 적어주세요.

② 오늘을 뒤돌아보고 좋았던 일을 다음 페이지에 세 가지 적어주세요.

③ 오늘을 뒤돌아보고 느낀 점이나 감상을 다음 페이지에 자유롭게 적어주세요.

그럼 내일 또 만나요. 바른 자세를 가졌을 당신을 기대합니다.

Day
31

Date . . .

1. 어제의 과제 '자산만이 할 수 있는 가치와 역할'이라고 생각하고 행동했을 때 어떤 느낌이 들었는지 적어주세요.

2. 오늘을 뒤돌아보고 좋았던 일을 세 가지 적어주세요.

①

②

③

3. 오늘을 뒤돌아보고 느낀 점이나 감상을 자유롭게 적어주세요.

Day 32

웃는 얼굴로 대하기

지금 어떤 자세로 계신가요? '자세 바로잡기'는 말이 쉽지 익숙하지 않은 사람은 유지하기에 여간 애를 먹지 않습니다. 금세 원래대로 돌아가기 때문이죠. 게다가 원래대로 돌아갔다는 사실을 인지하지 못하는 경우도 많습니다.

참고로 자세 바로잡기를 강요할 생각은 없습니다. 다만 당신이 이상적이라고 생각하는 자신은 어떤 모습인지 생각해봅시다. 이상적인 모습에 걸맞은 자세를 정해두고 가능한 한 오랫동안 유지하도록 노력해봅시다.

그런데 자세가 무너졌음을 알았을 때는 기분이 어떻던가요? 아마 자신에 대해 부정적인 감정이 생길 겁니다. 그리고 다시 자세를 바로잡으면 바로 긍정적인 기분으로 돌아옵니다.

예를 들어 의욕이 생기지 않고 기분이 처질 때 어떻게 하시나요? '의욕이 없으니까 의욕을 높여주는 유튜브 영상을 봐야겠어!' 하고 영상을 뒤적일지도 모르겠네요. 이때 어떤 자세로 영상을 찾는지 생각해봅시다.

대부분 자세를 똑바로 고쳐 잡고 찾지는 않죠? 목도 등도 움츠린 상태일 거라고 생각합니다. 의욕을 높이겠다고 생각하면서도 점점 의욕을 떨어트리는 모습을 만들고 있는 셈입니다. 의욕을 높여주는 영상을 보고 있는데 의욕이 생기지 않습니다. 의욕이 생기지 않으니 다시 다른 영상을 찾습니다. 이러다가 상관없는 영상도 보게 되고…… 정신을 차리면 두 시간이 훌쩍 지나 있습니다. 결국 두 시간이나 낭비한 자신을 탓하고 '에휴, 어쩔 수 없지. 내일 하지 뭐' 하고 포기하고 맙니다. 그리고 이런 악순환은 몇 년째 이어집니다. 수년 전 저의 모습과 다름없네요.

하지만 악순환도 '자세 바로잡기'라는 3초도 걸리지 않는 행동으로 끊어낼 수 있습니다. 오늘 이후에도 자세 바로잡기는 계속 실천하기를 바랍니다. 신기하게도 바른 자세가 몸에 익어 자연스러워지면 주위 사람들도 당신을 함부로 대하지 못합니다.

자세 바로잡기에 이어 내일 실천할 과제는 '웃는 얼굴로 사람 대하기'입니다. 먼저 아무도 없는 곳에서 웃는 연습부터 해봅시다. 자신이 할 수 있는 수준에서 미소를 가득 머금은 표정을 지어봅시다.

지금 지하철이나 버스를 타고 있어서 남들이 볼 수 있다고요? 괜찮습니다. 미소 지어봅시다. 주위 사람들은 '책이 재미있나 보군' 하고 생각할 거예요.

자! 해볼까요? 미소를 지으세요. 어떤 표정인지 거울을 보지 않아도 됩니다. 거울을 보면 본연의 미소가 아닌 가식적인 미소를 짓는 사람이 꼭 생겨요.

미소를 지었다면 이번 과제 작성을 마칠 때까지 유지해주세요. '네!?' 하고 생각하는 순간 미소는 사라졌을 테니 다시 미소를 지어주세요. 실은 저도 글을 쓸 때는 미소를 유지하려고 애쓰는데 어느 순간 미소가 사라졌다는 사실을 깨닫는 일이 많습니다.

볼의 근육이 마비될 지경이죠? 그래서 볼 근육을 단련시켜야 합니다. 바른 자세도 잊지 맙시다.

'미소 유지가 이렇게 어렵다니……'라는 생각이 들지도 모르겠지만 괜찮습니다. 그만큼 미소에 익숙하지 않다는 사실을 알게 되었으니까요.

'행복해서 웃는 게 아니다. 웃으니 행복하다.'

'즐거워서 웃는 게 아니다. 웃으니 즐겁다.'

이런 말을 들어본 적이 있을 겁니다. 앞에서도 말씀드렸지만 행동으로 기분이 바뀝니다. 멋진 미소로 사람을 대하면 행복과 즐거움을 상대방에게 전파할 수 있습니다.

누군가는 '좋은 일이라도 있어요?' 하고 물을지도 모릅니다. 그럴 때를 대비해 적당한 답변을 준비하는 걸 추천합니다.

오늘의 과제는 아래와 같습니다. 과제를 모두 작성할 때까지는 미소를 유지하세요.

① 어제의 과제 '자세 바로잡기'를 실천하고 어떤 느낌이 들었는지 다음 페이지에 적어주세요.
② 오늘을 뒤돌아보고 좋았던 일을 다음 페이지에 세 가지 적어주세요.
③ 오늘을 뒤돌아보고 느낀 점이나 감상을 다음 페이지에 자유롭게 적어주세요.

그럼 내일 또 만나요. 자세를 바로잡고 만면에 미소를 띤 당신의 모습을 기대합니다.

Day 32

Date . . .

1. 어제의 과제 '자세 바로잡기'를 실천하고 어떤 느낌이 들었는지 적어주세요.

2. 오늘을 뒤돌아보고 좋았던 일을 세 가지 적어주세요.

①

②

③

3. 오늘을 뒤돌아보고 느낀 점이나 감상을 자유롭게 적어주세요.

Day 33

듣는 이 되기

지금 어떤 자세와 표정을 하고 있나요? 어쩌면 어제 말씀드린 이야기를 깜박 잊고 원래대로 돌아갔을 수 있습니다. 하지만 괜찮습니다. '망각'을 인정하면 발전할 수 있으니까요.

그럼 원래대로 돌아갔는지 아닌지 어떻게 판단하면 될까요? 의식하지 않아도 주위에서 '자세가 좋군요', '웃는 얼굴이 멋져요'라는 말을 듣는다면 이제 더이상은 원래대로 돌아갈 가능성이 적다고 판단해도 됩니다.

'과연 그런 날일 올까요?' 하고 의심을 품을지 모르겠네요. 그런 날이 반드시 온다고 믿고 계속 실천해봅시다. 주위에서 자세와 미소를 칭찬한다면 당신은 '자신이 이루고 싶은 성과를 달성할 수 있는 사람'으로 바뀌었다고 생각해도 될 것입니다.

웃는 얼굴로 사람들을 대해보고 어땠나요? 이렇게 물으면 가끔 '혼자 살아서 사람 만날 일이 거의 없었어요'라는 분이 있습니다. 이런 분은 정말로 '핑계 찾기 천재'입니다. 이 또한 현상유지 메커니즘입니다.

식당에서 종업원에게 웃는 얼굴로 말을 거는 방법도 있죠. 뿐만 아니라 지금은 화상전화 등으로 얼굴을 보며 이야기 나눌 수 있는 세상이에요. SNS에서 이야기 상대를 찾는 방법도 있습니다.

사즉실행입니다. 생각났을 때 바로 실행하지 않으면 하지 않아도 되는 이유가 끊임없이 떠올라서 결국 설득 당하고 맙니다.

지금까지 무표정이던 사람이 이 과제를 도전하면 '왜 히죽히죽 거려? 기분 나쁘게……', '뭐 잘못 먹었어?', '비웃는 거야? 그만 웃어!' 등 남들로부터 비난이나 불만을 듣기 일쑤입니다. 실제로 제가 들었던 말들입니다만 비슷한 경험을 하는 사람이 많습니다.

하지만 이 또한 하나의 경험이라고 생각합시다. 저렇게 말하는 사람도 실제로는 웃는 얼굴을 원합니다. 하지만 미소는 웃을 만한 일이 생겼을 때 짓는다고 생각하기 때문에 자신이 아무 짓도 안 했는데 왜 저러는가 하고 의아해하는 것입니다. 그래서 웃는 얼굴을 폄훼하는 거죠.

'미소 지어봐야 좋은 일 없어요'라고 생각할지 모르지만 얼굴

찡그리고 좋은 일을 바라는 것보다는 '좋은 일'이 생길 가능성이 더 높지 않을까요?

그럼 오늘의 과제에 대해 말씀드리겠습니다. 바른 자세와 미소를 유지하면서 '듣는 이 되기'를 실천해봅시다.

'이야기 잘 듣기'는 생각만큼 쉬운 일이 아닙니다. 사람은 듣기보다는 말하기를 좋아하기 때문입니다. 보통은 '무엇을 들을까?' 보다는 '무엇을 말할까?'를 우선 생각하죠.

'저는 말하기보다는 듣는 걸 좋아합니다'라고 말하는 사람도 있는데 4,000명 이상에게 자기소개서 작성에 관한 상담을 해본 제 경험상 이런 사람들일수록 이야기하기 시작하면 아주 길어집니다.

본인은 '듣는다'고 생각하지만 상대방의 이야기에 대해 자신의 의견을 덧붙여 말하기 때문에 어느 순간 듣는 이와 말하는 이가 바뀌는 경우가 아주 많습니다.

다시 말씀드리지만 사람은 말하기를 좋아합니다. 다들 자기 이야기를 하고 싶어 하고 들어주기를 바랍니다. 하지만 이런 욕망을 받아주는 사람은 압도적으로 적습니다. 수요와 공급의 균형이 무너진 상황입니다. 그래서 이야기를 들어주는 사람에게 자연히 호감을 갖게 되는 것입니다.

즉 '듣는 이'는 수요가 많아 주위에 사람이 항상 몰립니다. 하지만 듣는 이 되기는 정말로 어렵습니다. 상대방의 이야기가 자신의 관심 분야라면 자기의 지식을 이야기하고 싶다는 욕망이 슬금슬금 끓어오르죠.

내일 과제는 '듣는 이 되기'를 실천하고 느낀 점 작성하기입니다. 이야기를 나눈 사람이 한 사람뿐이라면 그 사람과의 대화에서 느낀 점을 적으면 됩니다.

그럼 오늘의 과제는 아래와 같습니다.

① 어제의 과제 '웃는 얼굴로 대하기'를 실천하고 어떤 느낌이 들었는지 다음 페이지에 적어주세요.

② 오늘을 뒤돌아보고 좋았던 일을 다음 페이지에 세 가지 적어주세요.

③ 오늘을 뒤돌아보고 느낀 점이나 감상을 다음 페이지에 자유롭게 적어주세요.

Day20에서 세운 목표도 잊지 마시고 행동하면서 느낀 점도 기록해주세요.

Day 33

Date . . .

1. 어제의 과제 '웃는 얼굴로 대하기'를 실천하고 어떤 느낌이 들었는지 적어주세요.

2. 오늘을 뒤돌아보고 좋았던 일을 세 가지 적어주세요.

①

②

③

3. 오늘을 뒤돌아보고 느낀 점이나 감상을 자유롭게 적어주세요.

Day 34

상대방의 배경 상상하기

어제는 '듣는 이 되기'를 실천해보고 어땠나요? '말하고 싶다'는 생각에 잠자코 듣기만 하는 게 얼마나 어려운지 알게 되셨나요? '말도 안 되는 이야기나 남의 흉을 보는 이야기를 듣고 지쳤다'는 분도 계실지 모르겠네요.

반대로 '듣기만 하면 되는 거잖아요. 쉬웠어요'라는 분도 계실 테죠. 만약 그렇게 생각한다면 들은 이야기를 요약해보세요. 듣는 일에 집중하느라 이야기 내용에는 관심을 두지 못해 기억이 안 나는 건 아닌가요?

저는 '이야기 듣기'가 참 어렵다고 생각합니다. 단순히 듣기만 해서는 안 됩니다. '어떻게 생각해?' 하고 물으면 내용을 잘 이해하고 있어야 답변할 수 있습니다.

상대방이 당신에게 열심히 이야기하는 이유는 자신을 이해해 주기를 바라기 때문입니다. 설령 말도 안 되는 이야기나 남의 흉을 보는 이야기라고 할지라도 나름의 힘든 점과 고민을 당신에게 말하고 공유하고 싶은 거죠.

말도 안 되는 이야기나 남의 흉을 보는 이야기는 사실 듣기 거북합니다. 이런 이야기를 들어준다고 상대방의 문제가 근본적으로 해결되는 건 아니죠. 하지만 당신이 열심히 들어주면 상대방은 기분이 풀려 이야기하는 도중에 스스로 원인과 해결책을 찾는 경우도 많습니다.

'말도 안 되는 이야기나 남의 흉을 보는 이야기'라고 해도 수동적인 입장에서 듣는지 아니면 주체적인 입장에서 듣는지에 따라 생각도 다르고 대응도 다릅니다.

수동적인 입장에서 이야기를 들으면 상대방의 에너지에 동화되어 듣는 동안에 나 자신도 상대방과 마찬가지로 말도 안 되는 이야기에 동조하거나 남의 흉을 보고 싶어집니다. 자주 일어나는 사례로 '누구누구도 같은 말을 했어요'처럼 책임을 전가하며 남에게 떠벌리고 다니는 사람에게 빌미를 제공하는 꼴이 되는 거죠.

'듣는 것도 어려운데 수동적인 입장과 주체적인 입장을 의식하면서 들어야 하다니……' 하고 생각할지 모르겠지만 평소에 의식하며 생활하다 보면 어느 순간 무의식적으로 주체적인 입장에서 이야기를 듣고 있는 자신을 발견할 수 있습니다.

주체적으로 이야기를 들을 수 있게 되면 당신에게 일방적으로 이야기하는 사람이 줄어듭니다. 왜냐하면 이야기를 해도 동조해주지 않는다는 느낌이 들기 때문입니다. '음…… 이런 이야기에는 별로 반응이 없구나' 하고 생각하게 되는 거죠.

이번에도 어제와 마찬가지로 듣는 것에 도전해보기로 합시다. 다만 어제와는 달리 '상대방의 배경 상상하기'를 추가하겠습니다.

예를 들어 말도 안 되는 이야기나 남의 흉을 보는 이야기를 하는 사람이 왜 그런 이야기를 하는지 그 배경을 상상해보는 겁니다. 정답과 오답은 없습니다. 마음대로 상상하면 됩니다. 예를 들면,

> '상사와 부하직원 사이에 끼어서 얼마나 스트레스가 많을까? 어쩌면 스트레스 해소하는 방법을 몰라서 이런 이야기를 하는 것일지도 몰라. 실은 아내에게 이야기하고 싶지만 맨날 야근하는데 어떻게 대화할 시간이 있겠어! 어제 이야기하려다가 아내 반응이 미지근해서 오히려 더 스트레스를 받았을지도……. 나도 같은 상황이라면 마찬가지로 남의 흉을 보는 걸로 스트레스를 해소했을지 몰라…….'

이런 상상을 통해서 '자신도 같은 입장이라면 남의 흉을 봤을지 모른다'는 생각이 들면 상대방의 이야기를 좀 더 진지하게 듣게 됩니다.

'배경 상상하기'를 많이 훈련하면 상대방이 말로 표현하지 못하는 생각들까지도 언어화할 수 있는 능력이 생겨 상대방을 이해하는 데 큰 도움이 됩니다.

오늘의 과제는 아래와 같습니다.

① '듣는 이 되기'를 실천하고 어떤 느낌이 들었는지 다음 페이지에 적어주세요.

② 오늘 이야기를 들은 상대방의 배경을 본문의 〈예〉와 같이 다음 페이지에 글로 표현해봅시다.

③ 오늘을 뒤돌아보고 좋았던 일을 다음 페이지에 세 가지 적어주세요.

④ 오늘을 뒤돌아보고 느낀 점이나 감상을 다음 페이지에 자유롭게 적어주세요.

그럼 내일 또 만나요.

Day 34

Date . . .

1. '듣는 이 되기'를 실천하고 어떤 느낌이 들었는지 적어주세요.

2. 오늘 이야기를 들은 상대방의 배경을 본문의 <예>와 같이 글로 표현해봅시다.

3. 오늘을 뒤돌아보고 좋았던 일을 세 가지 적어주세요.

①

②

③

4. 오늘을 뒤돌아보고 느낀 점이나 감상을 자유롭게 적어주세요.

Day 35

Week05 뒤돌아보기

5주째도 정말 수고 많이 하셨습니다. 이제 남은 건 2주입니다. 시작할 때는 멀게만 느껴졌지만 여기까지 오고 보니 '이제 2주밖에 남지 않았어?' 하고 아쉬운 생각이 들지 않나요?

Day49를 목표로 계획한 일에는 진척이 있나요? '2주밖에 남지 않았어!'라고 생각할지 아니면 '2주나 남았어!'라고 생각할지 심정은 각자 다르겠지만 아무래도 상관없습니다. 뭐가 더 좋다고 할 수는 없으니까 말이죠.

'2주밖에 남지 않았어!'라고 생각하는 사람 중에는 압박감을 느끼고 일을 더 열심히 서두르는 사람도 있고 반대로 '마감이 얼마 남지 않았어. 시간이 없어서 안 되겠어' 하고 포기하는 사람도 있습니다. 여기까지 잘 따라와 준 당신이라면 전자와 같이 생각할 것이라 믿습니다.

만약 달성하지 못해도 노력한 만큼 반드시 성장합니다. 그 성장과 배움을 살려서 다음 목표에 도전하면 됩니다. 하지만 포기하면 성장도 놓치는 꼴이 됩니다. '마지막까지 노력한 자신', '실패를 직시하는 자신'이 될 기회를 잃고 마는 거죠.

한편으로 '2주나 남았어!'라고 생각하는 사람은 마감에 대한 압박에서 벗어나 여유를 되찾을 수 있습니다. 초조함에 쫓겨 일을 처리하면 시야가 좁아지고 실수가 많아져 다시 또 초조해지는 악순환에 빠집니다. 결국 결과물의 완성도가 떨어지고 말죠. 반대로 '시간이 충분해'라고 생각해서 지나치게 여유를 부리다가 마감날을 지키지 못하는 경우도 있습니다.

어떤 생각이 옳은지 정답은 없습니다. 목표달성의 가능성을 최고로 올릴 수 있다면, 즉 행동을 촉발시킬 수 있으면 됩니다. 만약 초조하면 '2주나 남았어!'라고 받아들이면 되고 여유롭다면 '2주밖에 남지 않았어!'라고 받아들이면 목표달성에 효과적입니다. 상황에 따라 자유롭게 활용해주세요.

5주가 끝날 무렵이 되면 이런 분이 꼭 나옵니다.

'5주 동안이나 계속했는데 눈에 보이는 성과물이 없어요. 역시 저는 안 되는 걸까요?'

초조한 마음은 잘 알겠습니다. 그리고 자신이나 자신이 해온 행동에 의문이 생기는 것 또한 잘 알겠습니다. 저도 경험했고 제가 아는 사람들 중 대부분이 같은 경험을 하는 것을 봤습니다.

하지만 성과는 갑자기 나오는 게 아닙니다. 적당한 타이밍이 와야 현실화할 수 있습니다.

예를 들어 명문대가 목표인 수험생이 있다고 합시다. 3학년 여름방학 전까지는 성적이 나빠서 합격을 기대하기 힘든 상황입니다. '이제 반년밖에 남지 않았어. 안 되겠군' 하고 포기 후 다른 대학으로 바꾸는 것도 방법입니다. 하지만 '아직 반년이나 남았어' 하고 목표 대학을 위해 최선을 다하는 것 또한 하나의 방법입니다.

명문대를 포기한 사람에게는 명문대 합격이라는 현실은 실현되지 않습니다. 하지만 마찬가지로 최선을 다해 노력한다고 합격이 보장되는 것도 아닙니다. 또한 명문대에 들어갈 수 있을 정도의 실력을 갖추고도 시험 당일에 실력을 발휘하지 못하면 합격을 기대할 수 없습니다.

'명문대에 들어가면 좋겠어. 하지만 만일 불합격해도 명문대를 목표로 공부한 경험은 평생의 재산이 될 거야' 하고 시험 당일까지의 과정을 소중히 여기면서 공부하면 실력 향상뿐만 아니라 불합격해도 자신을 부정하는 일은 없을 겁니다. 그리고 공부하는 과정에서 얻은 성장은 분명 훗날 성공을 위한 밑거름이 됩니다. 성과에 어울리는 능력을 갖추면 성과를 현실화할 수 있습니다. 반대로 말해 현실화할 수 없다면 성과에 어울리는 능력을 갖추지 못했다는 의미입니다.

만약 마감날까지 성과물이 없다면, 즉 현실화할 수 없다면 그 동안의 노력은 아무것도 아닌가요? 아무것도 아니라고 생각하면 아무것도 아닌 게 되고 다음 기회를 위한 발판으로 삼으면 훗날을 위한 밑거름이 됩니다.

지금까지 5주 동안의 노력은 세상에서 단 한 사람인 당신이 쌓아 올린 소중한 경험입니다. 누구를 위한 노력인가요? 당신 자신을 위한 노력입니다. 당신의 인생을 개척할 수 있는 사람은 세상에서 유일한 존재인 당신밖에 없습니다. 누가 뭐래도 열심히 최선을 다하고 있다는 사실을 당신 자신만큼은 절대 부정하지 말아주세요.

오늘의 과제는 아래와 같습니다.

① 5주 동안을 뒤돌아보고 이룬 성과, 좋았던 일을 작성하고 느낀 점이나 감상을 자유롭게 다음 페이지에 적어주세요.

② 만약 다시 한 번 Week05가 주어진다면 어떻게 할 것인지 생각나는 대로 다음 페이지에 적어주세요.

③ 오늘을 뒤돌아보고 느낀 점이나 감상을 다음 페이지에 자유롭게 적어주세요.

그럼 내일 또 만나요.

Day
35

Date . . .

1. 5주 동안을 뒤돌아보고 이룬 성과, 좋았던 일을 작성하고 느낀 점이나 감상을 자유롭게 적어주세요.

2. 만약 다시 한 번 Week05가 주어진다면 어떻게 할 것인지 생각나는 대로 적어주세요.

3. 오늘을 뒤돌아보고 느낀 점이나 감상을 자유롭게 적어주세요.

Week 06

타인 움직이기

Day 36

칭찬하기와 칭찬 받아들이기

이제 남은 2주를 시작하겠습니다. 뭔가를 계속한다는 것은 하나씩 쌓아간다는 의미입니다. Day01부터 Day35까지 매일 하나씩 실천했기 때문에 '계속'이라는 말이 성립됩니다. '전 계속하는 게 힘들어요' 하고 고민하는 이유는 '계속'을 목표로 삼고 있기 때문입니다. 무엇을 위한 '계속'인지가 빠져있는 거죠. 이런 사실도 모른 채 자신에게 '나는 뭘 해도 계속하지 못해'라며 스스로 책망하면서 괴로워합니다.

계속하지 못하는 자신만을 상상하면 결국 계속하지 못하는 자신이 만들어질 뿐입니다. '생각이 현실화된다'라는 말은 의심할 여지없는 사실입니다. 누구나 생각을 현실화하는 힘이 있습니다. 다만 그 힘을 발휘하여 현실화하려면 준비와 시간이 필요합니다.

예를 들어 하와이에 여행 가고 싶은 사람이 있다고 합시다. 그런데 생각만 한다고 하와이에 갈 수 있을까요? 절대로 불가능합니다.

언제 갈 것인지, 하와이의 어디를 갈 것인지, 마우이 섬인지 하와이인지, 호텔과 항공사는 어디로 할 것인지, 경비는 어떻게 마련할 것인지 등 구체적인 내용을 정하고 하나하나를 행동에 옮겨야 비로소 '하와이 여행'을 현실화할 수 있습니다.

현실화하는 과정 중에는 많은 장벽이 도사리고 있습니다. 하지만 이러한 장벽을 뛰어넘는 과정을 주체적으로 즐기면 행동을 멈추지 않고 계속 이어갈 수 있습니다. 나아가 생각하던 일도 점점 현실화되어갈 것입니다.

오늘의 과제는 '칭찬하기와 칭찬 받아들이기'입니다. 우리는 평소에 칭찬을 주고받는 일이 많은데 왜 상대방을 칭찬하는지에 대해 생각해본 적 있나요? 아마도 상대방이 기뻐하는 모습이 보고 싶기 때문일 것입니다. 설마 '칭찬해서 상대방을 기분 좋게 만든 후 내 말을 잘 듣게 할 거야!'와 같은 나쁜 의도를 갖고 있는 건 아니겠죠?

하지만 세상에는 칭찬을 그대로 받아들이지 않는 사람도 많습니다. 상대방이 '아뇨, 그렇지 않습니다'라고 말하는 바람에 순간

정적이 맴도는 분위기를 경험해본 적이 있을 겁니다.

그래서 이번에 도전할 과제는 직접적으로 칭찬하는 게 아니라 '간접적으로 칭찬하기'입니다. 여기서 말하는 간접적은 '~라고 생각합니다'라는 표현입니다.

예를 들어 '노트 쓰기를 매일 실천하다니 대단하군요!'라고 칭찬하고 싶은 상황에서 '노트 쓰기를 매일 실천하다니 대단하다고 생각해요'라고 말하는 식이죠.

사소한 표현 변화이지만 '~라고 생각합니다'를 사용하면 말하는 사람이 마음대로 생각해서 한 말이 되므로 상대방의 반응이 미지근해도 그나마 분위기가 덜 어색합니다. 이렇게 말해도 부정하는 사람은 부정하겠지만 말이죠. 이 또한 상대방의 자유이니 상관할 바는 아닙니다. 즉 칭찬을 간접적으로 하면 '상호 자유 존중'을 실현할 수 있습니다.

칭찬을 들은 상대방이 '갑자기 왜요? 나한테 무슨 잘못이라도 했어요?'라는 반응을 보일 수도 있지만 그럴 때는 '아뇨, 그냥 생각나서 해본 말이에요' 하고 넘기면 됩니다.

'칭찬 받아들이기'도 실천해주시면 좋겠지만 '칭찬 받아들이기'는 칭찬해주는 상대가 있어야 성립하기 때문에 상황적으로 불가능할지도 모르겠습니다.

만약 누군가 칭찬해주는 사람이 있다면 '그런 말은 처음 들어

봐요! 너무 기뻐요! 고마워요!'와 같은 느낌으로 최대한 기쁨을 표현해주세요.

칭찬을 하는 이유는 '칭찬으로 상대방을 조종하겠어' 하고 나쁜 의도를 가진 사람이 아니라면 상대방이 기뻐하는 모습이 보고 싶기 때문입니다. 이때 칭찬을 기쁘게 받아들이면 칭찬하는 사람도 기쁘기 때문에 기쁨의 연쇄 작용이 일어납니다. 칭찬에 인색한 반응을 보이는 것은 칭찬하는 기쁨을 빼앗는 꼴입니다.

그럼 내일 반드시 실천해보고 과제에 느낀 점을 작성해주세요.

오늘의 과제는 아래와 같습니다.

① 지금까지 '칭찬받았을 때 어떤 반응을 보여왔는지' 다음 페이지에 적어주세요. 또 앞으로는 어떻게 반응하는 사람이 되고 싶은지도 적어주세요.

② 오늘을 뒤돌아보고 좋았던 일을 다음 페이지에 세 가지 적어주세요.

③ 오늘을 뒤돌아보고 느낀 점이나 감상을 다음 페이지에 자유롭게 적어주세요.

그럼 내일 또 만나요.

Day 36

Date . . .

1. 지금까지 '칭찬받았을 때 어떤 반응을 보여왔는지' 적어주세요. 또 앞으로는 어떻게 반응하는 사람이 되고 싶은지도 적어주세요.

2. 오늘을 뒤돌아보고 좋았던 일을 세 가지 적어주세요.

①

②

③

3. 오늘을 뒤돌아보고 느낀 점이나 감상을 자유롭게 적어주세요.

Day 37

실패담 이야기하기

'칭찬하기와 칭찬 받아들이기'를 실천해본 소감이 어떠한가요? 직접 얼굴을 보고 실천한 분도 있고 SNS상에서 글로 실천한 분도 있을 겁니다. 익숙하지 않으면 행동하기 전에 이런저런 갈등이 생기기 마련입니다. '갑자기 칭찬하면 이상하게 보지 않을까?'와 같은 갈등은 당연합니다. 이런 갈등에 굴하지 않고 한 걸음 더 내디딘 자신을 칭찬해줍시다.

부정적인 생각과 감정은 억누른다고 해서 사라지는 게 아닙니다. 결국에는 분출되고 맙니다. 그런데 이처럼 분출하는 성질은 살아남아 자손을 남기기 위해 필요했기 때문에 조상 대대로 이어져온 것입니다.

만약 부정적인 생각이나 감정을 느끼는 능력이 없다면 맹수와 공생하던 시대에서 살아남을 수 없었을 겁니다. 숲속에 들어가 맹수와 마주쳐 죽는 사람도 있고 이를 보고 숲속에 들어가지 않고 살아남은 사람도 있습니다. 이렇게 살아남은 사람들의 먼 후손이 바로 우리들입니다. 오랫동안 이어져 내려온 유전자가 생성하는 부정적인 생각과 감정을 수십 년밖에 안 되는 인생에서 억누른다는 것은 도저히 말이 안 됩니다.

부정적인 생각과 감정이 자꾸 뿜어져 나온다면 그냥 그대로 괜찮습니다. 이렇게 분출되는 생각과 감정을 어떻게 활용할지 고민하는 게 더 중요합니다. '긍정적이지 않으면 안 돼'라고 스스로를 억압하는 사람이 많은데 '하지 않으면 안 돼'와 같이 부정적인 말을 사용하면서 어떻게 긍정적인 사람이 될 수 있을까요?

우리들에게는 필요한 것만 갖춰져 있습니다. 부정적인 생각과 감정도 살아가는 데 필요하기 때문에 자손인 우리들이 물려받은 것입니다. 그렇다면 막기보다는 적극적으로 활용하는 방법을 택하는 게 올바른 선택이라고 생각합니다.

그럼 부정적인 생각과 감정을 어떻게 활용할 수 있을까요? 오늘의 과제는 '실패담 이야기하기'입니다. 사람들은 가능한 한 실패를 숨기고 싶어 하지만 실패를 통해 많은 것을 배울 수 있습니다. 또한 지금의 당신을 형성하는 데 있어 실패도 크든 작든 역할을 하고 있습니다.

실패를 다른 사람에게 이야기하기를 두려워하는 사람이 많습니다. '한심한 녀석이구나'와 같은 남들의 평가가 두려운 거죠. 하지만 실패담을 듣는 입장에서 생각해봅시다. '이 사람은 진지한 사람이구나'라는 생각이 들지는 않나요? 실패하지 않는 사람은 세상에 단 한 명도 존재하지 않습니다. 그저 실패를 자신의 책임으로 받아들이지 않는 사람이 있을 뿐이죠.

실패를 이야기한다고 해서 지금 당장 극복하지 못한 실패를 언급할 필요는 없습니다. 먼저 일상생활 중에 겪은 실패담을 이야기해봅시다.

제 이야기를 해보자면, 언젠가 누군가에게서 받은 감자에서 싹이 나서 '먹을 수 없겠다'는 생각으로 아내에게 말하지 않고 많은 양을 버린 적이 있습니다. 이 사실을 알게 된 아내가 어찌 된 영문인지 묻길래 솔직하게 '싹이 나서 버렸다'고 답했습니다. 아내는 한심한 듯 쳐다보더니 '싹을 제거하면 먹는 데 지장 없어요! 버리기 전에 나한테 확인이라도 하지 그랬어요!'라며 화를 내더군요. 그런 지식이 없었을 뿐만 아니라 확인도 안 했으니 싹싹 빌 수밖에 없었죠.

훗날 아내가 친구들과 이야기를 나누다가 감자가 주제로 올랐는데 아내는 제 실패담을 이야기하면서 '초등학교부터 다시 다녀야겠어' 하며 흉을 봤다고 하네요. 이 실패 덕분에 부엌에 있는 물건을 버릴 때는 반드시 아내에게 물어보는 습관이 생겼습니다. 대단한 척 책을 쓰고 남들 앞에서 강연도 하지만 이 정도도 모르는 한심한 남편이네요.

이 이야기를 읽고 어떻게 생각하는지 모르겠지만 대부분은 웃어넘기거나 친밀감이 생겼다는 사람도 많았습니다.

내일은 이런 일상생활 속 실패담을 이야기하거나 SNS상에 글로 남겨봅시다. 실패담을 이야기하면 같은 실패를 경험한 사람들과의 관계도 친밀해집니다. 반대로 실패담으로 인해 떠나는 사람도 있겠지만 그건 그것대로 하나의 배움이라고 생각하면 됩니다.

실패담 이야기가 익숙해지면 재미있는 에피소드를 찾기 위해서라도 더 많이 행동하고 싶다는 생각이 듭니다. 실패는 그대로 방치해두면 실패인 채로 남을 뿐입니다. 중대한 실패가 아니라도 상관없습니다. 저처럼 일상생활에서 일어날 수 있는 실패담을 이야기해봅시다.

오늘의 과제는 아래와 같습니다.

① 어제의 과제 '칭찬하기와 칭찬 받아들이기'를 실천해보고 느낀 점이나 감상을 다음 페이지에 적어주세요.

② 오늘을 뒤돌아보고 좋았던 일을 다음 페이지에 세 가지 적

어주세요.

③ 오늘을 뒤돌아보고 느낀 점이나 감상을 다음 페이지에 자유롭게 적어주세요.

그럼 내일 또 만나요.

Day
37

Date . . .

1. 어제의 과제 '칭찬하기와 칭찬 받아들이기'를 실천해보고 느낀 점이나 감상을 적어주세요.

2. 오늘을 뒤돌아보고 좋았던 일을 세 가지 적어주세요.

①

②

③

3. 오늘을 뒤돌아보고 느낀 점이나 감상을 자유롭게 적어주세요.

Day 38 실패하기

실패담 이야기는 해보셨나요? 이 과제를 도전할 때 가장 먼저 드는 생각은 '이야기할 만한 실패담? 뭐가 있을까?'였을 겁니다. 실패담이 금방 떠오르는 사람은 실제로 실패를 아무렇지도 않게 생각하는 사람일 가능성이 높습니다. 실패를 발판으로 성공을 해본 경험이 많은 사람은 실패담이 끊이지 않습니다. 이런 사람은 실패를 웃음으로 승화시킬 수 있을 정도로 정신무장이 되어 있기 때문에 주위 사람들과도 밝고 즐겁게 지냅니다.

하지만 그런 사람은 소수에 불과하며 실패담 이야기하기를 꺼리는 사람이 압도적으로 많습니다. 저 또한 그런 사람이었습니다. '남들에게 약한 모습 보여줘봐야 업신여길 뿐이야'라는 고정

관념이 강해서 약점을 보이기 싫었습니다. 하지만 용기 내서 실패담을 이야기해봤더니 의외로 공감해주는 사람이 많다는 사실에 놀랐습니다.

실패하고 싶은 사람은 없습니다. 하지만 아무리 예측하고 철저히 준비해도 뜻하지 않은 일이 일어나 실패하는 경우도 많습니다. 이유를 불문하고 실패의 원인은 자신의 능력 부족입니다.

실패를 겪었을 때는 '자신이 성장할 실마리를 찾았다'라고 생각하면 어떨까요? 성공에는 보수가 주어지고 실패에는 성장이 주어집니다. 그 어떤 성공한 사람도 모든 일에서 성공을 거두지는 못합니다. 많은 실패를 거듭한 끝에 성공을 거머쥔 것이죠.

실패를 즐기고 성공의 기회로 삼겠다는 자세가 생각을 현실화하는 힘을 길러줍니다.

오늘의 과제는 '실패하기'입니다. 적극적으로 실패하기에 도전해주세요. 실패를 하는 이유는 지금의 자신에게 그만큼의 힘이 없기 때문입니다. 반대로 말하면 자신에게 충분한 힘이 있으면 성공합니다. 다만 지금 자신의 힘으로 충분히 해낼 수 있는 일만 하면 성장을 기대할 수 없습니다.

실패하기에 도전하는 것이므로 부담을 가질 필요가 전혀 없습니다. '실패'가 쌓이면 힘도 착실히 쌓입니다.

예를 들어 벤치프레스를 할 때 세팅한 무게를 1밀리미터도 들지 못했다고 합시다. 전혀 들지 못했기 때문에 실패입니다. 하지만 들기 위해서 사용한 근육은 단련되었을 것입니다.

우리는 눈에 보이는 성과만 인정하는 경향이 있습니다. 이를 '성과 승인'이라고 합니다. 성과를 내는 자신은 좋아하지만 성과를 내지 못하는 자신은 싫어합니다. 그렇다면 성과를 내기 위해 노력하면 된다는 이야기입니다. 다만 지금까지 성과를 내본 경험이 부족한 사람은 자신을 믿지 못하기 때문에 행동을 해도 이내 멈추고 맙니다.

행동이 쌓여야 비로소 성과를 거둘 수 있습니다. 따라서 성과 승인 전에 자기 자신의 행동을 인정하는 '행동 승인'이 반드시 필요합니다. 행동을 인정하지 못하면서 어떻게 성과만 인정할 수 있는지 모르겠습니다. 만약 자신이 인정하지 않는 행동으로 성과를 거뒀다면 성과만이 전부입니다. 의지할 것은 성과밖에 없기 때문에 결국 성과를 잃지 않기 위해서 다음 도전은 회피하게 됩니다. 도전을 하지 않으면 성장도 멈추기 때문에 과거의 영광에만 매달리는 가련한 사람이 되고 맙니다.

'실패했지만 잘했어!' 하고 자신을 칭찬합시다. 자신의 실패를 허용할 수 있으면 상대방의 실패도 받아들일 수 있습니다. 물론 게으름으로 인한 실패는 허용할 수 없지만 최선을 다한 일을 인정해주면 당신의 격려를 받은 상대방은 '다시 해보자!'라는 용기가 절로 생깁니다.

이렇게 하려면 먼저 자신의 실패를 허용할 수 있어야 합니다. 첫걸음으로 내일은 자신의 실력으로 이룰 수 없는 일에 반드시 도전해봅시다. 그리고 도전해서 실패한 자신을 칭찬해주세요.

예를 들어 남들에게 웃음을 선사하고 싶다면 '개인기 선보이기'를 도전해도 좋고 평소 인사에 인색하면 '인사하기'에 도전해도 좋습니다. 남들 보기에 쉬운 일이라도 당신에게 쉽지 않은 일이라면 도전이라고 생각해도 됩니다.

실패한 횟수만큼 성장하고 그만큼 더 현실화하는 힘을 강화할 수 있습니다.

오늘의 과제는 아래와 같습니다.

① '실패담 이야기하기'를 실천해보고 느낀 점이나 감상을 다음 페이지에 적어주세요.

② 오늘을 뒤돌아보고 좋았던 일을 다음 페이지에 세 가지 적어주세요.

③ 오늘을 뒤돌아보고 느낀 점이나 감상을 다음 페이지에 자유롭게 적어주세요.

그럼 내일 또 만나요.

Day
38

Date . . .

1. '실패담 이야기하기'를 실천해보고 느낀 점이나 감상을 적어주세요.

2. 오늘을 뒤돌아보고 좋았던 일을 세 가지 적어주세요.

①

②

③

3. 오늘을 뒤돌아보고 느낀 점이나 감상을 자유롭게 적어주세요.

Day 39

감사 전하기

오늘은 어제 말씀드린 '실패하기'에 도전해 보셨나요? 실패에 내성이 생기지 않은 사람은 일부러 실패하는 게 좀처럼 쉽지 않을지도 모릅니다. 하지만 실패 횟수가 풍부한 사람이 성장 속도가 빠릅니다.

이 원고를 쓰기 전 제가 경험한 실패는 테니스 게임이었습니다.

레슨에서 새롭게 배운 스윙 기술을 연습게임에서 적극적으로 활용해봤는데 결과적으로 공은 빨라졌지만 컨트롤이 엉망이어서 미스를 많이 범했습니다. 결국 연습게임에서 패하고 말았죠. 새로 배운 기술이기 때문에 실패할 것을 각오했습니다. 하지만 게임이다 보니 지고 싶지는 않았죠. '새로운 기술을 안 쓰고 평소대로 하면 이길 텐데……. 하지만 한 단계 더 발전하려면 새로운 기술을 익혀야 해. 그렇지만 게임에서 지는 건 싫은데…….' 이런 갈등이 반복되었지만 결과적으로는 새로운 기술에 도전하기로 했고 게임은 처참한 스코어로 지고 말았습니다.

게임에서 지면 화가 나지만 지더라도 새로 배운 기술은 활용하지 않으면 자신의 것이 되지 않습니다. 실패는 도전했기 때문에 체험할 수 있습니다. 중요한 것은 실패에서 배운 것을 다음번에 살릴 수 있느냐입니다. 한 가지 질문을 드리겠습니다.

'만약 다시 한번 한다면 어떻게 하겠습니까?'

매주 지난 한 주를 뒤돌아볼 때 드린 질문입니다. 이런 질문을 드리면 대부분 자신이 잘못한 점을 떠올리고 끝내는 경우가 많습니다. 이 질문의 요지는 개선점을 발견하는 데 있습니다.

예를 들어 저 같은 경우에는 위 질문에 대한 답으로 '스윙 연습을 충분히 한 뒤에 경기하기'를 개선점으로 적었습니다. 그럼 '스윙 연습은 언제 할 것인가?', '몇 회 할 것인가?'와 같은 새로운 행동 지침이 반드시 필요합니다. 스윙 연습 없이 경기를 하면 똑같은 실패를 반복합니다. 같은 실패를 반복해서는 성장할 수 없죠. 개선점을 찾아서 실천하고 다음 도전에 임해야 합니다. 그럼에도 잘되지 않으면 다시 '만약 다시 한번 한다면?' 하고 자신에게 질문하고 개선점을 찾읍시다. 이런 식으로 실패와 개선을 반복하면 조금씩 성공에 다가갈 수 있습니다. 과제로 내지는 않겠지만 실패를 두려워하지 말고 평소에 도전을 즐기기를 바랍니다.

오늘은 '감사 전하기'에 대해 설명드리겠습니다. 생각에 따라서는 꽤 어려운 과제일 수 있습니다. '고맙다고 말해야지' 하고 생각해도 막상 상대방의 얼굴을 보면 왠지 부끄러워집니다. 그렇기 때문에 과제로 내는 것입니다.

당신도 누군가에게 감사하다는 말을 들으면 기쁜 것처럼 당신에게 감사하다는 말을 듣는 상대방도 당연히 기쁩니다. 하지만 친한 사이라고 해도 감사의 마음을 솔직하게 말하지 못하는 경우도 많습니다.

그래서 이번에도 간접적으로 표현해보도록 하겠습니다. 예를 들어 저녁식사 자리에서 '이렇게 맛있는 음식을 먹을 수 있어 감사해요' 하고 음식을 마련해준 사람에게 혼잣말처럼 감사를 전해봅시다. 자신이 요리했다면 '맛있게 먹어줘서 기뻐요'라고 말합니다. 만약 상대방이 아무 반응 없이 무뚝뚝하게 식사한다고 해도 자신의 생각이 그렇다는 혼잣말이므로 민망해할 필요는 없습니다.

감사를 전할 때 해서는 안 될 것이 있습니다. 바로 '상대방에게 기대하는 것'입니다.

보통 '감사한다고 했으니 뭔가 반응이 있겠지?' 하고 기대하기 마련입니다. 하지만 그것은 감사의 말로 상대방을 움직여 자신의 욕구를 채우려는 행위에 지나지 않습니다. 이런 마음가짐은 상대방도 금세 알아차립니다.

상대방의 반응은 필요 없습니다. 자신의 생각을 전할 뿐이라고 생각하면 됩니다. 보상을 바라면 '만약 이상하게 생각하면 어떡하지?', '거절하면 어떡하지?', '빈소리라고 생각하면 어떡하지?' 등과 같이 행동을 망설이게 하는 핑곗거리가 생길 뿐입니다.

누구에게라도 상관없습니다. 감사의 마음을 전해봅시다. 직접적이어도 좋고 간접적이어도 좋습니다. 평소에 전하고 싶었지만 행동에 옮기지 못했던 사람이라면 더 의미가 있겠네요.

오늘의 과제는 아래와 같습니다.

① '실패하기'를 실천해보고 느낀 점이나 감상을 다음 페이지에 적어주세요.

② 오늘을 뒤돌아보고 좋았던 일을 다음 페이지에 세 가지 적어주세요.

③ 오늘을 뒤돌아보고 느낀 점이나 감상을 다음 페이지에 자유롭게 적어주세요.

그럼 내일 또 만나요. 감사 전하기를 꼭 실천해주세요.

Day 39

Date . . .

1. '실패하기'를 실천해보고 느낀 점이나 감상을 적어주세요.

2. 오늘을 뒤돌아보고 좋았던 일을 세 가지 적어주세요.

①

②

③

3. 오늘을 뒤돌아보고 느낀 점이나 감상을 자유롭게 적어주세요.

Day 40

바로 반응하기

'감사 전하기'를 실천해보고 어땠나요? 역시 부끄럽거나 '오늘이 아니라도 기회가 있겠지' 하고 망설이는 마음이 생기지는 않았나요?

지금까지 몇 번 설명했습니다만 뭔가 새로운 일을 할 때면 자기 안에서 거부하는 목소리가 나옵니다. 이는 아주 자연스러운 현상이기 때문에 막을 수는 없고 막을 필요도 없습니다.

현상유지 메커니즘이 '당신이 바뀌지 않도록' 당신을 걱정해서 내는 소리입니다. 일단은 그 소리를 인식해야 합니다. 인식하려면 문자화하는 방법이 효과적이죠. 문자화하면 객관적으로 상황을 바라볼 수 있습니다. 그리고 자기 자신에게 다음과 같이 말을 걸어주세요.

'또 다른 한 명의 자신이 열심히 거부하고 있구나. 이런 소리가 있기 때문에 무사히 생활할 수 있는 거야. 고마워! 하지만 이대로는 아니야. 한 사람이라도 더 많은 사람에게 도움이 되려면 더 성장해야 해. 이제는 행동에 나서야 할 때야!'

물론 위는 하나의 예일 뿐입니다. 똑같이 말할 필요는 없습니다. 자신에게 말을 걸었다면 곧바로 행동합시다. 그렇지 않으면 또 다른 한 명의 자신에 금방 설득 당합니다. 또 다른 한 명의 자신이 목소리를 낼 여유를 주지 말고 행동하는 데 집중합시다.

새로운 일을 할 때면 바로 불안해진다는 분이 많습니다. 이런 분들은 곧장 행동하지 않기 때문입니다. 또한 행동을 멈춰도 또 다른 한 명의 자신이 행동하지 못하도록 온갖 불안을 조장합니다.

새로운 일에 도전할 때는 불안이 당연히 함께한다고 생각해주세요. 지금까지 인생에서 숱하게 겪어왔고 최근 40일 동안에도 많이 불안했으리라고 생각합니다. 하지만 불안을 인정하고 행동에 나섰기 때문에 오늘 당신이 여기에 있는 것입니다.

이번 과제는 '바로 반응하기'입니다. Day05에서 말씀드린 일종의 '사즉실행' 연습입니다. 아무리 고독한 생활을 하고 있다고 해도 무인도가 아닌 이상 당신에 대한 남들의 액션이 있을 것입니다. 직접 말로 하는 액션도 있고 이메일이나 SNS처럼 문자로

된 액션도 있습니다. 이메일이나 SNS로 연락하는 사람이 없다고 해도 유튜브를 보면 '채널 등록 부탁합니다', '좋아요 부탁합니다'와 같은 액션이 있습니다. 당신에 대한 직접적 액션이 아니더라도 바로 반응하는 연습을 해봅시다.

'그럼 구체적으로 "반응"은 뭘 말하는 거지?' 하고 생각할지 모르겠습니다. 누군가가 말을 걸면 생각을 거치지 않고 '네!'라고 말하는 겁니다. 보고 있는 기사에서 '좋아요'나 댓글을 원한다면 '좋아요'와 댓글을 바로 넣어주세요. 이메일 읽을 때도 평소 같으면 답장하지 않았을 내용이라도 바로 회신해주기 바랍니다. 예를 들어 뉴스레터에 답장하는 사람은 거의 없지만 '보낸 사람이 답장을 받으면 기뻐하겠지'라고 생각하고 보내 보시길 바랍니다.

내일은 '생각하기 전에 바로 행동하기'를 하루 동안 실천해봅시다. 해보시면 알겠지만 상당히 지치는 일입니다. 육체적으로도 피곤하지만 정신적으로 아주 피곤합니다.

이런 상황에서는 어김없이 현상유지 메커니즘이 말을 걸어옵니다. '이봐, 피곤하지? 지금까지 그렇게 빨리 반응하지 않았지만 아무 문제 없었잖아? 무리하지 말자!' 이렇게 현상유지 메커니즘이 그럴싸한 이유를 들어 당신의 행동을 가로막습니다. 이런 상황을 직접 느껴보는 게 매우 중요합니다.

성과를 내는 사람은 모두 추진력이 월등히 뛰어납니다. 행동의 질까지 따라 할 수 없지만 추진하는 속도라면 흉내 낼 수 있습니다.

생각보다 행동이 앞서는 생활을 실천해보는 건 어떨까요? 이때의 구호는 '사즉실행'입니다.

오늘의 과제는 아래와 같습니다.

① '감사 전하기'를 실천해보고 느낀 점이나 감상을 다음 페이지에 적어주세요.
② 오늘을 뒤돌아보고 좋았던 일을 다음 페이지에 세 가지 적어주세요.
③ 오늘을 뒤돌아보고 느낀 점이나 감상을 다음 페이지에 자유롭게 적어주세요.

그럼 내일 또 만나요. 사즉실행을 꼭 실천해주세요.

Day 40

Date . . .

1. '감사 전하기'를 실천해보고 느낀 점이나 감상을 적어주세요.

2. 오늘을 뒤돌아보고 좋았던 일을 세 가지 적어주세요.

①

②

③

3. 오늘을 뒤돌아보고 느낀 점이나 감상을 자유롭게 적어주세요.

Day 41

부탁하기

오늘은 '바로 반응하기'를 실천하면서 정신적으로나 육체적으로나 고단한 하루였을 겁니다. 그럼 바로 테스트해볼 수 있는 대처법을 한 가지 알려드리죠.

일단 책은 놔두고 '아아, 피곤해'라고 말하면서 5초간 팔을 위로 들어 스트레칭을 해주세요.

스트레칭을 해보니 어떤 기분인가요? 피곤이 풀리지는 않지만 왠지 표정이 밝아지고 기분이 좋아졌을 겁니다. 만약 기분이 좋아지지 않는다면 원인은 한 가지입니다. 바로 '주체적'으로 행동하지 않았기 때문입니다.

사람은 재미있게도 스스로 주체적으로 행동했을 때는 같은 피로라도 기분 좋게 느낍니다. 하지만 주체적으로 행동하지 않으면 같은 피로라도 더 기분 나쁘게 느낍니다. 주체성은 스스로 선택할 수 있습니다. 하지만 현상유지 메커니즘이 주체적인 행동에 익숙하지 않으면 아무리 애써도 수동적이 되고 맙니다.

그럼 주체적으로 행동하려면 어떻게 하면 될까요? Day20에서 설정한 목표와 Week03에서 살펴본 내용을 전반적으로 다시 확인해주세요. 최근 며칠 동안에는 별말씀을 드리지 않았는데 설정한 목표가 잘 진행되고 있는지 매일 체크하고 계신가요?

만약 그렇지 않다면 아직은 수동적이라는 의미입니다. '선생님이 시키니까 한다'라고 생각하고 행동하면 성장할 수 있을지 몰라도 주체성이 생기지 않습니다. 49일을 무사히 끝냈다는 것에만 만족하면 그 후 행동으로 계속 이어지지 못하고 원래의 자신으로 돌아가고 맙니다. 어쩌면 원래의 자신이 아닐지도 모릅니다. 과제도 완료했고 행동하지 않는 이유도 이제 알았는데 결과적으로 계속 행동하지 않는 자신이 된 셈이므로 '처음보다 퇴보했다'라고 해도 과언이 아닙니다.

목표를 달성하지 못하는 가장 큰 이유에 대해 수차례 언급한 바 있습니다. 네 맞습니다. '망각'이죠. 사람은 목표를 세우고도 잊어버립니다. 목표 달성을 위해 사용해야 할 시간과 에너지를 무의식적으로 다른 일에 사용해버린 꼴인 거죠. 그렇기 때문에 목적과 목표를 잊지 않기 위한 장치가 필요합니다.

인간은 망각의 동물이기 때문에 잊는다는 것을 전제로 행동해야 합니다. 물론 자신뿐만 아니라 남들도 마찬가지입니다. '기억하는 게 당연하다'라는 기대감이 불만을 키우는 기폭제로 작용하기 때문입니다.

상대방의 망각은 자신의 책임입니다. 만약 당신이 목적과 목표를 확인해야 한다는 사실을 잊어버렸다면 그것을 환기시키지 않은 저의 책임입니다(물론 제가 환기시키지 않은 것은 의도적이었지만 말입니다).

그럼 이번 과제인 '부탁하기'에 대한 설명입니다. 부탁하는 일이 서투른 사람이 많습니다. 저도 그랬습니다. '남들에게 부탁할 바에야 직접 하는 게 빠르다'고 생각했고 '부탁은 거절당할 위험도 있는데 왜 자기가 할 수 있는 일을 남에게 부탁할까?' 하는 생각도 했습니다. 이런 생각으로도 별 탈 없이 살아왔기 때문에 남에게 부탁하는 일이 거의 없었습니다.

그런데 어느 날 회식 자리에서 누군가가 이렇게 말하는 것입니다.

"혼자 일 처리하는 게 멋있다고 생각하는지 모르겠지만 당신의 부탁을 받고 기뻐하는 사람도 있어요. 상대방은 당신에게 도움이 된다는 생각에 기뻐할 테고 부탁받은 일이 성장하는 계기가 되기도 하죠. 게다가 남에게 부탁하면 당신에게는 여유 시간도 생기잖아요. 혼자서 모든 일을 처리한다는 것은 많은 다른 일을 잃는 셈이에요. 물론 거절당하는 건 싫죠. 하지만 대부분의 사람은 누군가의 도움이 된다고 생각하면 기뻐하기 마련이니 마음 편히 부탁해도 괜찮아요."

저에게는 전혀 없던 관점이었기 때문에 바로 실행에 옮겨봤습니다. 물론 부탁하기 전에 현상유지 메커니즘이 작동했죠. '부탁해도 들어주는 사람은 없어. 있다고 해도 의무감 때문일 거야. 상대방이 기뻐할 리가 없어'라고 말입니다. 하지만 이 말이 정말인지 증명하기 위해 실제로 부탁해봤습니다. 그런데 생각지도 못한 다양한 반응이 있었고 반응 또한 빨라서 놀랐습니다. 이런 경험을 통해 그 후부터는 적극적으로 부탁하는 입장이 되었습니다.

사소한 일이라도 괜찮습니다. '부탁하기'에 도전해봅시다. 설거지 부탁도 좋고 서류 복사 부탁도 좋습니다. 부탁하기를 통해 생각지도 못한 깨달음을 얻을 수 있습니다.

오늘의 과제는 아래와 같습니다.

① '바로 반응하기'를 실천해보고 느낀 점이나 감상을 다음 페이지에 적어주세요.

② 오늘을 뒤돌아보고 좋았던 일을 다음 페이지에 세 가지 적어주세요.

③ 오늘을 뒤돌아보고 느낀 점이나 감상을 다음 페이지에 자유롭게 적어주세요.

그럼 내일 또 만나요.

Day
41

Date . . .

1. '바로 반응하기'를 실천해보고 느낀 점이나 감상을 적어주세요.

2. 오늘을 뒤돌아보고 좋았던 일을 세 가지 적어주세요.

①

②

③

3. 오늘을 뒤돌아보고 느낀 점이나 감상을 자유롭게 적어주세요.

Day 42

Week06 뒤돌아보기

6주째가 종료되었습니다. 어제는 부탁하기를 실천해보고 어땠나요? 하지 않을 핑계가 머릿속을 어지럽게 만들었으리라고 생각합니다. 이런 생각들은 무의식에 속하는 영역이므로 어떻게 손쓸 도리가 없습니다. '핑계만 찾고 있는 내가 한심해' 하고 생각할지 모르겠지만 떠오르는 생각들을 막을 수는 없습니다.

정말로 한심한 것은 이런 생각들에 설득당하는 자신입니다. 현상유지 메커니즘은 현상을 유지하기 위해 온갖 수단을 활용합니다. 혼자라면 그나마 괜찮지만 주위 사람들도 현상유지 메커니즘이 작동하여 당신의 행동을 막습니다.

'그렇게까지 애쓸 필요 없잖아요!'

'지금의 당신도 충분히 멋져요.'

'뭔가 잘못 생각하고 있는 건 아닌가요?'

많은 회유의 말들을 들어왔을 거라고 생각합니다. 대부분이 당신을 걱정하는 말이기 때문에 갈등도 많았겠죠. 하지만 당신의 인생입니다. 당신의 인생은 당신 자신이 만들어야 합니다. 행동을 막는 사람들은 당신의 인생을 대신 책임져주지 않습니다.

앞으로도 당신의 변화를 저지하기 위해 각종 달콤한 말들로 다가올 것입니다. 걱정해주는 마음만 감사하게 받고 담담히 스스로 결정해서 행동하면 됩니다. 어느 정도 시간이 지나면 '그렇게 행동하는 당신이 당신답다'는 인식으로 바뀌고 오히려 행동하지 않으면 걱정할 것입니다.

주변의 인식이 바뀌는 시간은 사람에 따라 다릅니다. 금세 바뀌는 사람도 있고 1년, 2년이 지나도 바뀌지 않는 사람도 있습니다. 하지만 걱정할 필요 없습니다. 당신이 바뀌면 주위 사람들도 반드시 바뀝니다. 이런 사실만 믿고 기다릴지 말지는 당신에게 달렸습니다.

이제 일주일 남았습니다. 6주 동안 매일 과제를 수행했는데 '성장이 느껴지지 않는다'고 생각하는 분도 계실 겁니다. 1주째부터 작성한 내용을 살펴봐주세요. '여기서는 이렇게 썼으면 좋았을 텐데……', '좀 더 할 수 있는 일이 있었어!' 등과 같이 처음 자신의 모습을 아쉬워하는 마음이 생겼을 겁니다.

아쉬운 마음이 생겼다는 것은 성장했다는 증거입니다. 처음 당신의 모습과 지금까지 과제를 수행해온 당신의 모습은 다르다는 의미입니다.

만약 '아쉬운 점이 없다'면 성장하지 않은 게 아니라 당신이 겸손한 사람이기 때문입니다. 겸손한 당신은 '자신이 해온 일은 누구나 할 수 있는 일이야. 전혀 대단하지 않아' 하고 생각합니다.

하지만 '누구나 할 수 있는 일'을 6주 동안이나 계속할 수 있는 사람은 그리 많지 않습니다. 대부분은 중도에 현상유지 메커니즘의 속삭임에 설득당해 멈추고 맙니다. '다른 할 일도 많잖아', '이런 거 해봐야 소용없어', '정말로 노트 작성으로 바뀐다면 누구나 다 바뀌었게?'와 같은 유혹의 말들이 당신 머릿속을 맴돌 것입니다.

그럼에도 당신은 자신의 신념대로 여기까지 과제를 수행해왔습니다. 최근 6주 동안 당신 스스로가 자신의 인생을 창조해 온 것입니다. 당신은 지구상에서 다른 누구도 해보지 못한 유일무이한 경험을 했습니다. 어떤 지식도 당신의 경험을 토대로 이야기하면 당신만의 유일무이한 콘텐츠가 됩니다.

최근 6주 동안 예상치 못한 일도 많이 겪었다고 생각합니다. '왜?'라고 생각하는 일도 많았겠죠. 하지만 이 모든 것이 당신을 성장시키기 위한 일입니다. 만약 그런 일이 없었다면 당신은 여기까지 성장하지 못했을 겁니다.

생각만 바꾸는 것으로 자신과 인생이 바뀌지 않습니다. 행동하지 않으면 바뀌지 않습니다. 행동을 촉발시키는 게 생각과 감정입니다. 무엇을 어떤 마음으로 임할지는 자신이 컨트롤할 수 있습니다. 무의식적으로 떠오르는 생각은 컨트롤할 수 없지만 선택은 컨트롤할 수 있습니다. 컨트롤 가능한 것과 불가능한 것을 잘 구분하고 남은 일주일도 행동을 계속 이어나가길 바랍니다.

오늘의 과제는 아래와 같습니다.

① 6주 동안을 뒤돌아보고 이룬 성과, 좋았던 일을 작성하고 느낀 점이나 감상을 자유롭게 다음 페이지에 적어주세요.
② 만약 다시 한 번 Week06가 주어진다면 어떻게 할 것인지 생각나는 대로 다음 페이지에 적어주세요.
③ 오늘을 뒤돌아보고 느낀 점이나 감상을 다음 페이지에 자유롭게 적어주세요.

그럼 내일 또 만나요.

Day
42

Date . . .

1. 6주 동안을 뒤돌아보고 이룬 성과, 좋았던 일을 작성하고 느낀 점이나 감상을 자유롭게 적어주세요.

2. 만약 다시 한 번 Week06가 주어진다면 어떻게 할 것인지 생각나는 대로 적어주세요.

3. 오늘을 뒤돌아보고 느낀 점이나 감상을 자유롭게 적어주세요.

이상적인 자신이 어떤 모습인지 자유롭게 작성해봅시다.
(Day48에서 활용할 예정입니다.)

Week 07

자신에게 성실하기

Day 43

반복하고 싶지 않은 일

자, 이제 일주일 남았습니다. 어제는 뒤돌아보기를 하면서 '좀 더 빨리 도전했으면 좋았을 텐데……' 하고 생각하신 분도 많았을 겁니다. 이런 생각을 하신 분들께 다음 이야기를 들려드리고 싶습니다.

고대 로마시대의 학자 카토는 그리스어를 배우기 시작하면서 주위 사람들로부터 이런 이야기를 들었다고 합니다.

'나이도 많으면서 이제 와서 왜 공부를 시작하나요? 잘 될 리가 없잖소.'

이 말을 들은 카토는 다음과 같이 말했습니다.

"무슨 말씀을 그렇게 하나요? 잘되고 말고는 해봐야 아는 것! 그리고 지금이 앞으로 남은 인생 중에 가장 젊은 나이잖소!"

그럼 여기서 질문을 드리겠습니다.

카토는 도대체 몇 살에 그리스어를 배우기 시작했길래 '나이도 많으면서'라는 말을 들었을까요?

장수하는 사람이 드물었던 고대 로마시대에 '여든'의 나이에 시작했다고 합니다.

고대 로마시대에 여든 살까지 연명했다는 점도 놀랍지만 공부를 시작하겠다는 자세도 매우 놀랍습니다. 이 일화는 '인생은 언제라도 바꿀 수 있다'라는 가르침을 주기 때문에 오랜 시간이 지나서도 바다를 건너 널리 알려졌다고 생각합니다.

오늘은 남은 인생에서 가장 젊은 날입니다. 분명 과거로는 돌아갈 수 없습니다. 하지만 과거에서 새로운 배움을 깨우칠 수는 있습니다. 과거의 결단은 바꿀 수 없지만 지금이라면 과거와 다른 결정을 내릴 수 있습니다.

오늘은 노트에 '반복하고 싶지 않은 일'을 적어봅시다. 인생을 뒤돌아보면 신기하게도 반복되는 일이 무척 많습니다.

'역사는 반복된다'라는 유명한 말이 있습니다. 당신의 인생도 하나의 역사입니다. 그 역사 속에서 반복해온 일로 인해 지금의 당신과 당신의 인생이 만들어졌습니다.

자신의 의지로 어쩔 수 없는 일도 작성해주세요. 예를 들어 초등학생 때부터 사회인이 될 때까지 줄곧 남들에게 미움을 받는 일이 반복되고 있다고 합시다.

'나는 미움받아도 이겨낼 수 있어서 상관없어!' 이렇게 생각하는 분은 논외로 하고 보통은 미움받는 일이 반복되기를 바라는 사람은 없습니다.

자신이 이미 겪은 일을 적어도 좋습니다. 솔직히 말씀드리면, 저는 끝이 보이기 시작하면 안도감이 생겨 늑장을 부립니다. 예를 들어 이 책을 쓸 때도 마감일까지 여유를 부리다가 결국 겨우 마감일에 맞춰 제출했습니다.

반복하고 싶지 않은 일을 작성하면 자연스럽게 '반복하지 않으려면 어떻게 하면 될까?' 하는 질문을 하게 됩니다.

'남들에게 미움을 받는다'라는 예는 자신이 컨트롤할 수 없는 일이지만 자신이 미움받지 않기 위해서 할 수 있는 일은 많습니다. 세상에는 자기 마음대로 행동하지만 남들이 좋아해주는 사람도 아주 많습니다. 이런 사람들은 왜 그런지 연구해볼 수도 있습니다.

빈 종이도 좋고 노트에도 좋습니다. 먼저 왼쪽 절반에 '반복하고 싶지 않은 일'을 적어주세요. 그리고 오른쪽 절반에는 자신이 할 수 있는 행동을 생각나는 대로 적어주세요. 시간이 많으면 얼마든지 쓸 수 있으니 제한 시간을 두고 시작합시다.

오늘의 과제는 아래와 같습니다.

① '반복하고 싶지 않은 일'을 작성하고 느낀 점이나 감상을 다음 페이지에 적어주세요.

② 오늘을 뒤돌아보고 좋았던 일을 다음 페이지에 세 가지 적어주세요.

③ 오늘을 뒤돌아보고 느낀 점이나 감상을 다음 페이지에 자유롭게 적어주세요.

목표 달성을 위한 행동도 계속 이어나가 주세요. 그럼 내일 또 만나요.

Day 43

Date . . .

1. '반복하고 싶지 않은 일'을 작성하고 느낀 점이나 감상을 적어주세요.

2. 오늘을 뒤돌아보고 좋았던 일을 세 가지 적어주세요.

①

②

③

3. 오늘을 뒤돌아보고 느낀 점이나 감상을 자유롭게 적어주세요.

Day 44

반복하고 싶은 일

'반복하고 싶지 않은 일'을 작성해보고 어땠나요? 의외로 잘 떠오르지 않았다는 분도 계실지 모르겠네요. '제한 시간이 지나니까 생각났어요'라는 분도 계실 겁니다.

지금까지 생각해보지 않았기 때문에 금방 떠오르지 않는 것도 당연합니다. 지금까지 '자신 인정하기'에 대한 주제도 많이 다뤘으니 이제는 아실 겁니다. 그렇습니다. 떠오르지 않는 건 어쩔 수 없습니다. '이게 지금의 나야' 하고 인정해야 합니다. 만약 인정하지 못하면 지금의 자신을 바꿀 수 없습니다.

지금의 자신을 인정할 수 없는데 행동해서 바뀐 자신을 인정할 수 있을까요? 애석하게도 전혀 그렇지 않습니다. 미래는 실현되면 '지금'입니다. 지금의 자신을 인정하지 않고 하루하루를 보내는데 어떻게 미래의 자신을 인정할 수 있단 말인가요?

지금의 자신이 만족스럽지 못할 수도 있습니다. 당신은 '나는 더 대단한 일을 할 수 있어!' 하고 생각하겠죠? 하지만 '지금의 나는 인정 못해!' 하고 생각하고 있으면 평생 인정 못한 채 생을 마감하게 됩니다. '자신을 인정하는 데 평생을 건 인생이었다'라는 말을 듣고 싶은 사람은 없습니다.

자신을 인정하지 못한다는 사실을 깨달았다면 반복하고 싶지 않은 일에 '자신을 인정하지 못함'이라고 적어주세요.

'지금의 나는 이상을 이루기 위한 힘이 부족해. 인정하자. 하지만 이대로 끝내지 않을 거야. 아니 끝낼 수 없어. 반드시 실현된다고 믿고 매일 행동으로 옮기겠어!' 하고 자신에게 이야기해주세요. 지금의 자신을 인정하지 않는다는 것은 현실도피이며, 현실을 계속 도피하는 사람이 목표나 이상을 달성할 리 없습니다.

이번 과제는 지난번과 완전 반대인 '반복하고 싶은 일'입니다. 왜 '반복하고 싶지 않은 일'을 먼저 했을까요? 새로운 것을 받아들이기 위해 떨쳐버릴 것들을 정리하기 위해서였습니다.

글로 표현하지 못하면 무엇을 떨쳐버릴 것인지 어떻게 떨쳐버릴 것인지도 찾을 수 없습니다. 이번은 지난번에 작성한 내용을 떨쳐버렸다는 가정하에 생각나는 대로 작성해주세요.

예를 들어 저 같은 경우에는 앞으로도 책 쓰는 일을 계속 반복하고 싶습니다. 이때 '그럼 반복하기 위해서 어떻게 하면 될까?' 하는 질문을 통해 어떤 행동을 취할지 판단할 수 있습니다.

출판사도 수익을 올려야 하는 회사이므로 내용이 좋아야 하는 것은 물론이고 많이 팔려야 합니다. 그렇다면 제가 쓰는 글을 필요로 하는 사람이 많아야 합니다. 그럼 또 '그런 사람을 늘리는 방법은 뭘까?' 하는 질문을 하고 답을 내야 합니다. 스스로 답을 모르겠다면 이미 성공한 작가에게 물어보는 방법도 생각해낼 수 있습니다. 이런 식으로 질문을 통해 정한 행동을 매일 실천하다 보면 원하는 바를 이룰 수 있는 날이 올 것입니다.

이 원고를 쓰고 있는 단계에서는 차기작을 낼 수 있을지 불분명합니다. 그럼 아무것도 안 하고 기다리고 있으면 차기작을 출판하자는 이야기가 나올까요? 결코 그렇지 않습니다. '나는 차기작을 출판한다'라는 미래를 믿고 지금 할 수 있는 일을 묵묵히 해야 합니다.

'결국은 자기 자신에게 달렸군요?' 하고 생각하시나요? 그렇게 생각해주시면 기쁘겠습니다. 그 답을 듣고 싶었습니다. 모든 일은 자기 하기 나름입니다. 자기 말고 다른 사람을 컨트롤할 수는 없죠. '진인사대천명'이라고 했습니다. 자신이 할 일을 다 하고 그다음은 하늘에 맡기는 것입니다.

당신이 반복하고 싶어 하는 일은 당신이 계속 행동하는 한 반드시 실현됩니다. 반대로 말하면, 실현할 때까지 계속 행동해야 한다는 의미입니다. 대부분은 실현하기 전에 포기합니다. 포기했다면 깨끗이 잊고 새로 출발하면 되는데 미련이 남습니다.

미련을 반복하고 싶지는 않으시죠? 그런 미래를 막기 위해서라도 당신이 반복하고 싶은 일을 정해서 그것이 반복되는 미래가 실현되도록 매일 행동을 쌓아갑시다.

당신은 어떤 일을 반복하고 싶나요? 이번에도 빈 종이나 노트를 준비해서 왼쪽 절반에 반복하고 싶은 일을 적고 오른쪽 절반에는 반복하기 위해 어떻게 해야 하는지 작성해주세요.

오늘의 과제는 아래와 같습니다.

① '반복하고 싶은 일'을 작성하고 느낀 점이나 감상을 다음 페이지에 적어주세요.
② 오늘을 뒤돌아보고 좋았던 일을 다음 페이지에 세 가지 적어주세요.
③ 오늘을 뒤돌아보고 느낀 점이나 감상을 다음 페이지에 자유롭게 적어주세요.

목표 달성을 위한 행동도 계속 이어나가 주세요. 그럼 내일 또 만나요.

Day 44

Date . . .

1. '반복하고 싶은 일'을 작성하고 느낀 점이나 감상을 적어주세요.

2. 오늘을 뒤돌아보고 좋았던 일을 세 가지 적어주세요.

①

②

③

3. 오늘을 뒤돌아보고 느낀 점이나 감상을 자유롭게 적어주세요.

Day 45

감정 기록하기

'반복하고 싶은 일'을 작성해보고 어땠나요? 이상적인 자신과 인생에서 필요한 것과 불필요한 것을 구분하는 과제이기도 했습니다. 성공 패턴과 실패 패턴을 알고 있으면 성공할 가능성은 높이고 실패할 가능성은 줄일 수 있습니다.

당신은 '지금의 나로는 무리'라는 위기감을 느끼는 동시에 '나는 할 수 있다'라는 믿음도 있습니다. 그렇기 때문에 이 노트를 지금까지 계속 이어올 수 있었던 겁니다.

반복하고 싶지 않은 일은 당연히 다시 하고 싶지 않습니다. 하지만 현상유지 메커니즘은 반복하도록 세팅되어 있습니다. 예를 들어 당신이 피곤할 때 단것을 먹어왔다면 무의식적으로 단 것에 눈이 갑니다. 눈만 가면 다행이지만 정신을 차려보면 편의점에서 이런저런 달콤한 군것질거리를 먹고 있습니다.

단것을 먹으면 일시적으로 혈당이 올라가서 에너지가 보강되고 뇌에서 베타엔돌핀이 분비되어 피로가 회복되는 느낌이 듭니다. 하지만 다들 경험해보셨겠지만 그때뿐이고 오히려 더 피곤해집니다.

그럼 어떤 대책을 세워야 할까요? 스스로 규칙을 만들면 됩니다. 지금까지는 '피곤하면 단것 먹기'라는 규칙이 있었던 셈입니다. 행동은 막강한 암시이기 때문에 현상유지 메커니즘은 그 규칙이 익숙합니다.

예를 들어 이런 규칙은 어떨까요? '만약 피곤하면 우메보시 먹기.' '왜 갑자기 우메보시지?' 하고 생각할지 모르겠지만 우메보시(매실을 절인 일본 음식_옮긴이)에는 구연산을 함유하고 있어 피로회복에 효과적이며 바닐린에는 지방연소 효과가 있습니다. 그야말로 일석이조인 셈입니다. 이 규칙을 반복하면 현상유지 메커니즘은 단것보다 우메보시를 찾게 될 것입니다.

이처럼 '만약 ~하면 ~하기'라는 규칙을 세우고 계속 반복해서 현상유지 메커니즘이 익숙해지도록 해주세요. 오랫동안 몸에 익은 습관이기 때문에 바로 바꿀 수는 없지만 계속하다 보면 반드시 바뀝니다.

그럼 오늘의 과제인 '감정 기록하기'에 대해서 알아보겠습니다. 과제 작성에 앞서 빈 종이나 노트에 느끼고 있는 감정을 담담히 적어주세요. 이제는 부정적인 감정도 받아들이고 인정할 필요가 있다는 점을 잘 인지하고 계실 겁니다.

다음 문장을 모두 읽은 후 바로 시간을 정해서 머리에 떠오르는 감정을 적어주세요. 부정적인 감정도 괜찮습니다. 억누르지 말고 생각나는 대로 적어주세요.

'부정적인 감정은 드러내는 게 아니다'라며 억눌러온 분도 계실 겁니다. 하지만 수차례 말씀드린 바와 같이 우리는 부정적인 감정도 필요하기 때문에 갖추고 있습니다. 오히려 계속 긍정적인 것이 부자연스럽습니다.

때로는 화를 못 참거나 슬픔에 빠질 때도 있습니다. 이런 자신이 원망스러워 자책할 때도 있고요. 이런 감정을 머릿속에서 증폭시키지 말고 종이 위에 적어주세요. 이렇게 하면 자기 자신을 객관적으로 볼 수 있습니다.

잠깐의 시간만으로도 무수한 부정적인 감정이 떠오를 겁니다. 그리고 작성된 문장에 '이런 감정도 있구나'를 붙여봅시다. 이렇게 하면 그 감정이 자신에게서 떨어져 나가는 기분이 들 것입니다.

끓어오르는 감정을 억누를 수는 없지만 그 감정을 어떻게 받아들일지, 그리고 어떻게 활용할지는 당신이 정할 수 있습니다.

이제 빈 종이나 노트에 감정을 그대로 드러내서 적어주세요. 그리고 그 감정을 '이런 감정도 있구나' 하고 고쳐 적는 연습을 한 후에 오늘의 과제를 진행해주세요.

오늘의 과제는 아래와 같습니다.

① '감정 기록하기'를 실천하고 느낀 점이나 감상을 다음 페이지에 적어주세요.

② 오늘을 뒤돌아보고 좋았던 일을 다음 페이지에 세 가지 적어주세요.

③ 오늘을 뒤돌아보고 느낀 점이나 감상을 다음 페이지에 자유롭게 적어주세요.

목표 달성 기한도 이제 막바지입니다. 만약 이미 달성했다면 남은 4일 동안 무엇을 할지에 대한 목표도 세워봅시다. '목표달성=나는 목표를 달성할 수 있는 사람이다'라는 암시를 자신에게 거는 효과가 있습니다. 그럼 내일 또 만나요.

Day
45

Date . . .

1. '감정 기록하기'를 실천하고 느낀 점이나 감상을 적어주세요.

2. 오늘을 뒤돌아보고 좋았던 일을 세 가지 적어주세요.

①

②

③

3. 오늘을 뒤돌아보고 느낀 점이나 감상을 자유롭게 적어주세요.

Day 46

비판 받아내기

어제는 감정을 기록해보고 어땠나요? '이런 것까지 적어도 되나?' 하고 망설이지는 않았나요? 그랬다면 그런 감정까지도 그대로 적어주세요. 감정이 생기는 것은 본능이기 때문에 억제할 수 없고 억제할 필요도 없습니다. 억제할 것인가 아니면 활용할 것인가는 자신이 선택하면 됩니다.

하지만 애초에 어떤 감정인지 스스로 파악하지 못하면 활용이든 뭐든 아무것도 할 수가 없습니다. 그럼 파악은 어떻게 할 수 있을까요? 방법은 Day45의 과제로 설명했습니다.

'감정 기록하기'가 익숙하지 않으면 앞서 말한 바와 같이 망설이게 됩니다. 누가 볼까 봐 걱정하는 마음도 생기죠. 하지만 누가 볼 가능성은 매우 낮습니다. 다만 유일하게 자기 자신은 봅니다.

부정적인 감정을 작성하지 못하고 망설이는 이유는 자기 자신이 부정적인 감정을 혐오해서 스스로가 부정적인 감정을 인정하지 않기 때문입니다.

우리들의 조상은 부정적이었기 때문에 살아남았습니다. 긍정적인 사람은 목숨이 위험한 상황에서도 조심하지 않고 사지로 뛰어들기 때문에 목숨을 잃는 경우가 많아 자손을 남기지 못했습니다. 물론 예외도 있지만 그 수는 아주 적을 것입니다. 우리가 지금 이렇게 존재하는 건 부정적인 감정 덕분이 아닐까요?

분노를 느낄 때는 '화내는 자신이 있군', 기쁨을 느낄 때는 '기뻐하는 자신이 있군', 슬픔을 느낄 때는 '슬퍼하는 자신이 있군' 하고 감정과 자신을 분리해서 객관적으로 자신을 볼 수 있도록 평소에 훈련합시다.

이번에는 과거에 당신이 받았던 비판을 이용해서 부정적인 감정을 캐치하는 연습을 해보겠습니다.

웬만큼 이상한 사람이 아니고서야 일부러 비판받는 행동을 하는 사람은 없습니다. 다만 비판하는 사람을 컨트롤할 수는 없죠. 비판은 예고가 없을뿐더러 비판을 받으면 감정이 흔들리고 분노와 슬픔의 감정이 동시에 끓어오릅니다.

세상에는 어떤 비판에도 여유롭게 대응하는 굉장히 냉철한 사람도 있지만 그들도 인간이기 때문에 비판에 대해 아무런 감정이 안 생길 리가 없습니다. 하지만 감정을 짧은 시간에 처리해버리는 능력이 있죠. 끓어오르는 감정은 심장이 움직이는 것과 마찬가지로 자신이 컨트롤할 수 없습니다. 컨트롤할 수 없는 일을 컨트롤하려고 애써봐야 어쩔 도리가 없습니다. 깔끔하게 포기하는 게 맞는 거죠.

하지만 분노와 슬픔에 대해 어떻게 대처하고 활용할 것인가는 자신이 정할 수 있습니다. 일단은 끓어오르는 감정을 인정하는 게 우선입니다. 그리고 그 감정을 어떻게 활용할 것인가를 생각해야 합니다. 이것이 바로 '비판 받아내기'입니다.

'비판 받아들이기'와는 다릅니다. 받아들이기는 상대방의 비판을 그대로 인정한다는 느낌이 강합니다. 비판하는 사람은 자신의 정의를 강요합니다. 사람과 사람 사이에는 의견이나 가치관이 다를 수 있습니다. 그래서 한자로 '인간人間'이라고 씁니다. 비판하는 사람의 대다수는 '자신의 의견이 옳고 그 말을 듣지 않는 상대방은 틀렸다'라고 생각하기 때문에 애초에 다르다는 개념이 없습니다. 그래서 자신의 말을 받아들이지 않으면 화를 내거나 눈물을 흘려 상대방이 바뀌기를 기대합니다.

끓어오르는 감정을 파악해서 어떻게 대처하고 활용할 것인가를 자신이 컨트롤할 수 있으면 상대방의 주장에 반박할 수 있는 힘이 생깁니다.

과거에 당신이 받은 비판 중 하나를 떠올려봅시다. 그러면 그야말로 다양한 감정이 생길 텐데 그것을 빈 종이나 노트에 작성합시다. 작성 후에는 Day34에서 말씀드렸던 '상대방의 배경 상상하기'를 적용해서 상대방이 왜 그런 비판을 했는지 상상해서 작성해주세요.

이 두 가지를 실행해보면 당신이 받은 비판에 대한 생각이 완전히 달라질 것입니다.

오늘의 과제는 아래와 같습니다.

① '비판 받아내기'를 실천하고 느낀 점이나 감상을 다음 페이지에 적어주세요.
② 오늘을 뒤돌아보고 좋았던 일을 다음 페이지에 세 가지 적어주세요.
③ 오늘을 뒤돌아보고 느낀 점이나 감상을 다음 페이지에 자유롭게 적어주세요.

이제 3일 남았네요. '라스트 스퍼트!'라고 말씀드리고 싶지만 이 노트가 끝나도 당신의 일상은 계속됩니다. 모두 마쳤다고 해도 노트는 버리지 말아주세요. 그럼 내일 또 만나요.

Day 46

Date . . .

1. '비판 받아내기'를 실천하고 느낀 점이나 감상을 적어주세요.

2. 오늘을 뒤돌아보고 좋았던 일을 세 가지 적어주세요.

①

②

③

3. 오늘을 뒤돌아보고 느낀 점이나 감상을 자유롭게 적어주세요.

Day 47

천천히 행동하기

지난 과제는 지금까지 해온 과제 중에서 가장 힘들었으리라 생각합니다. 비판받은 일을 떠올리는 것 자체도 괴로운데 비판한 상대방의 배경까지 상상해야 하니 곤혹스러웠을 겁니다.

하지만 반대로 이 과제가 '가장 쉬웠다'고 말하는 분도 계시겠죠. 그런 분들은 '비판을 감사하게 생각하는 사람'입니다.

성공한 사람들에게 비판을 어떻게 대처해왔느냐고 물었더니 이구동성으로 '감사하게 생각했다'라고 말했습니다. 이 중에 한 분은 "제가 몰랐던 관점을 알려줄 뿐만 아니라 제가 소중한 시간과 에너지를 할애해준 거라고 생각해요. 평소 참고 있던 울분을 비판으로 해소하는 거라면 제가 도움이 된다는 의미이기도 하고요. 적절하지 못한 비판도 있지만 비판을 어떻게 받아낼지는 자신이 하기 나름이니까요. 상대방의 폭력적인 에너지는 제 속에 감춰진 힘을 새롭게 각성시켜주지요"라고 이야기해줬습니다.

당신이 앞으로 성장하면 성장할수록 비판도 늘 것입니다. 비판하는 사람 중에는 당신을 잘 아는 사람도 있겠지요. 비판이 생기는 이유는 당신을 성장시키지 않으려는 현상유지 메커니즘 때문입니다. 하지만 애초에 비판이 있을 것을 알고 있으면 준비할 수 있습니다. 아는 사람의 비판에는 질투에서 비롯된 것도 있고 정말로 당신을 걱정해서 하는 비판도 있습니다.

비판을 받으면 감정이 끓어오릅니다. 막을 수 없는 일입니다. 끓어오르는 감정을 억누르려고 애쓰지 말고 끓어오르는 감정을 파악하고 인정하는 데 신경을 집중합시다.

오늘의 과제는 '천천히 움직이기'입니다. 오늘의 과제를 답한 후에 다음 과제를 답하기 전까지 가능한 한 '천천히'를 의식하며 하루를 보내주세요.

먼저 호흡부터 함께 해봅시다. 호흡에 정신을 집중하면 평온을 찾을 수 있습니다. 몸속의 공기를 모두 밖으로 꺼낸다는 느낌으로 천천히 뱉어냅니다. 몸속의 공기가 다 빠져나온 것 같으면 천천히 숨을 들이마셔주세요. 몸속에 공기가 가득 차면 다시 천천히 공기를 뱉어냅니다. 이렇게 다섯 번 하고 난 뒤에 다음 내용을 읽어주세요.

어떤 기분이 드시나요? 신기하게도 평온해졌을 겁니다. 만약 아직 감정이 불안정하다면 평온해질 때까지 몇 번이고 반복해주세요.

성격이 급한 사람은 평온해질 때까지 기다리지 못할 텐데 어떤가요?

생각을 현실화하지 못하는 사람의 특징은 '기다리지 못한다'입니다. 기다리지 못하는 이유는 현실화될 미래를 믿지 못하기 때문입니다. 그런데 생각해보세요. 믿지 못하는데 현실화는 가당치도 않습니다.

현실화하려면 현실화하기 위한 힘이 필요합니다. 그 힘을 기르기 위해서는 매일 행동을 쌓아가야 합니다. 하지만 그 힘은 눈으로 확인할 수 없습니다. 현실화를 통해 비로소 힘이 생긴 것을 확인할 수 있습니다.

조급한 마음이 드는 것도 잘 압니다. 하지만 초조해하면 초조해할수록 '실현되지 않을 수도 있어'라는 암시를 스스로에게 거는 꼴입니다. 반대로 '반드시 실현할 수 있어' 하고 믿으면 급한 마음은 이내 진정될 것입니다.

'그렇지만 마감일이 있으니까 저도 모르게 조급해져요'라는 분도 있습니다. 잘 생각해보세요. 지금 느끼고 있는 감정은 여태껏 몇 번이고 반복된 일이 아닌가요? 참고로 앞서 Day43에서 살펴본 '반복하고 싶지 않은 일'에 '조급함'이 포함되어 있는지 모르겠네요. 한 가지 팁을 드리면 이런 식으로 지난 과제들을 뒤돌아보면서 생활하면 자신을 파악하는 데 더 큰 도움이 됩니다.

아무튼 내일 하루는 천천히 행동하는 데 집중해주세요. 예를 들어 식사할 때 음식 서른 번 아니 백 번 씹기, 횡단보도 점멸 시 멈추기 등 천천히 움직이는 하루를 보내봅시다.

오늘의 과제는 아래와 같습니다.

① 본문 중의 호흡법을 실천하고 느낀 점이나 감상을 다음 페이지에 적어주세요.

② 오늘을 뒤돌아보고 좋았던 일을 다음 페이지에 세 가지 적어주세요.

③ 오늘을 뒤돌아보고 느낀 점이나 감상을 다음 페이지에 자유롭게 적어주세요.

천천히 행동하고 평온함을 되찾기를 바랍니다. 그럼 내일 또 만나요.

Day 47

Date . . .

1. 본문 중의 호흡법을 실천하고 느낀 점이나 감상을 적어주세요.

2. 오늘을 뒤돌아보고 좋았던 일을 세 가지 적어주세요.

①

②

③

3. 오늘을 뒤돌아보고 느낀 점이나 감상을 자유롭게 적어주세요.

Day 48

이상적인 자신

오늘 하루 동안 '천천히 행동하기'를 실천해 보고 어땠나요? 차로 이동할 때 고속도로는 피하고 일반도로로 경로를 선택하거나 제한 속도를 넘지 않는 주행을 했나요? 버스를 탔다면 일부러 한 정거장 앞에 내려서 천천히 걸어서 귀가했나요?

현대인은 시간에 쫓기는 삶을 살고 있습니다. 지금 책을 쓰고 있는 저 자신도 마감일이 다가오니 초조해지기 시작했습니다. 당황해서 서둘러봐야 상황은 크게 달라지지 않습니다. 초조해하면 아이디어가 나오지 않는다는 사실도 잘 알고 있습니다. 초조함은 무의식 속에서 작동하기 때문에 멈출 수도 없습니다. 하지만 초조함에 어떻게 대처할지는 자신이 컨트롤할 수 있습니다.

저는 마감이 다가올수록 뇌가 풀가동한다고 믿고 원고를 쓰고 있습니다. 이렇게 당신이 이 책을 읽고 있다는 것은 '마감일 완수, 무사히 출판'이라는 미래가 현실화되었다는 의미입니다.

내일은 한 주의 마지막 날이기 때문에 뒤돌아보는 시간을 가질 예정이므로 실질적으로 오늘이 마지막 과제입니다. 마지막 과제는 '이상적인 자신'입니다. 자신이 어떤 모습이길 바라는지 빈 종이나 노트에 생각나는 대로 적어주세요. 물론 '지금 적은 이상적인 자신을 계속 지켜야 한다'라는 건 아닙니다. 개선하고 수정해서 세련되게 바꿀 수 있습니다.

'이상적인 당신'은 어떤 삶을 살고 있을까요? 어떤 사람들에게 둘러싸여 있을까요? 어디에 살고 있을까요? 어떤 일을 하고 있을까요? 다른 누가 보거나 읽을 수 없습니다. 겸손할 필요도 없습니다. 생각나는 대로 작성해주세요.

'이상적인 자신'을 설정한다는 것은 미래에 '이상적인 자신'이 탄생한다는 의미입니다. 지금까지 48일 동안 당신은 많은 과제를 실천해왔습니다. 이 노트를 시작하기 전, 당연한 말이지만 노트를 시작한 당신은 존재하지 않았습니다. 하지만 노트를 시작하기 전의 당신은 노트를 시작한 당신을 탄생시켰습니다. 그리고 마침내 노트를 작성한 당신을 현실화했습니다.

다시 말해 미래를 설정했다는 것은 미래를 현실화할 준비를 마쳤다는 의미입니다. 이후에는 설정한 미래에 어울리는 자신이 되면 됩니다. 그렇지 않으면 현실화는 이루어지지 않습니다. 반대로 말해 현실화하지 못했다는 것은 그 미래에 어울리는 자신이 되지 못했다는 의미입니다.

당연한 말이지만 여기까지 과제를 수행한 당신은 그 사실을 자신의 경험으로서 남들에게 이야기할 수 있습니다.

저는 '하고 싶은 일을 찾을 수 없어요'라는 상담을 받으면 '하고 싶은 일은 찾을 필요 없다'라고 말해줍니다. 하고 싶은 일보다는 '자신이 어떤 모습이고 싶은가요? 이상적인 자신을 설정하세요' 라고 조언합니다.

'이상적인 자신'을 설정한 뒤에는 그런 자신을 현실화하기 위해 노력하면 됩니다. 이상적인 자신에 가까워지면 가까워질수록 선택과 결단에 주저함이 없어집니다. '눈앞에 벌어지는 일은 모두 이상적인 자신을 현실화하기 위해주어진 것이다'라고 받아들일 수 있기 때문이죠. 지금까지의 자신이라면 절대 용납하지 못하는 일도 있을 겁니다. 하지만 지금까지의 자신이 용납하지 않았던 일이기 때문에 자신의 새로운 가능성을 펼칠 수 있다고 말씀드리고 싶습니다.

어쩌면 이 노트를 여기까지 실천해온 것도 노트를 시작하기 전의 당신이라면 하지 않았을 일일지도 모릅니다. 하지만 이렇게 실천했기 때문에 노트를 시작하기 전의 당신과는 다른 당신을 스스로 창조할 수 있었습니다.

자신과 자신의 인생을 창조할 수 있는 사람은 유일하게 당신 자신뿐입니다. 그리고 여기까지 실천한 당신에게는 그런 힘이 준비되었습니다. 여기까지 읽고 난 뒤에는 바로 제한 시간을 두고 '이상적인 자신'을 작성해주세요. 완벽할 필요는 없습니다. 생각나는 대로 쓴다는 기분으로 작성해주세요.

작성을 마친 후에는 그 미래에 어울리는 자신이 되기 위한 행동을 매일 실천해나가기만 하면 됩니다.

오늘의 과제는 아래와 같습니다.

① '이상적인 자신'을 작성하고 느낀 점이나 감상을 다음 페이지에 적어주세요.
② 오늘을 뒤돌아보고 좋았던 일을 다음 페이지에 세 가지 적어주세요.
③ 오늘을 뒤돌아보고 느낀 점이나 감상을 다음 페이지에 자유롭게 적어주세요.

드디어 내일이면 끝입니다. 이상적인 자신을 설정한 당신과 내일 만날 수 있기를 기원합니다.

Day
48

Date . . .

1. '이상적인 자신'을 작성하고 느낀 점이나 감상을 적어주세요.

2. 오늘을 뒤돌아보고 좋았던 일을 세 가지 적어주세요.

①

②

③

3. 오늘을 뒤돌아보고 느낀 점이나 감상을 자유롭게 적어주세요.

Day 49

Week07 뒤돌아보기

드디어 여기까지 왔군요. 축하드립니다. 마지막까지 긴장을 늦추지 말고 유종의 미를 거두길 바랍니다. 마지막은 지금까지 애써 단련해온 '생각을 현실화하는 힘'이 수포로 돌아가지 않기 위한 방법을 이야기해드리겠습니다.

근력 운동을 열심히 해도 며칠 빼먹으면 순식간에 근육이 빠지는 것처럼 49일 동안 단련한 힘도 한동안 사용하지 않으면 바로 약해집니다. 즉 '행동하겠다는 생각만 하고 실제로는 행동하지 않는 상태'에 빠집니다.

당신이 애초에 정말로 현실화하고 싶은 것이 무엇이었는지 생각해봅시다. 지금까지 수행해온 과제는 현실화하고 싶은 것을 실현하기 위한 통과의례에 지나지 않습니다. 여기서 멈추면 현실화를 기대할 수 없습니다.

현실화하는 힘이 강한 사람은 끝을 끝이라고 생각하지 않습니다. 끝은 새로운 시작이라고 생각합니다. 곧장 다음 흥밋거리를 찾아 계속 행동해야 합니다. 계속 행동하지 않으면 어렵게 바꾼 현상유지 메커니즘을 지속할 수 없습니다.

성과를 내지 못하는 사람은 끝을 맞이하면 '지금까지 열심히 했으니까 잠시 여유를 부려도 될 거야. 이제 힘도 붙었으니 언제든 다시 시작할 수 있어'와 같이 현상유지 메커니즘의 달콤한 설득에 넘어가 행동을 멈추고 맙니다.

현상유지 메커니즘은 당신을 이 책을 읽기 전 상태로 되돌려놓고 싶어 합니다. 다만 현상유지 메커니즘이 악의적이라는 의미가 아닙니다. 원래의 당신을 지키기 위해서 작동하는 거라고 생각하는 게 맞습니다.

오늘로 49일이 끝나고 저의 서포트도 여기까지입니다. 하지만 앞으로가 더 중요합니다. 당신은 지금까지의 현상유지 메커니즘이 새로운 현상유지 메커니즘으로 바뀌는 바로 직전까지 와있습니다. 이때는 주로 '무력감'이 밀려옵니다.

'왜 이 짓을 하고 있는 건지 모르겠네', '열심히 하는데 성과가 보이질 않네', '아무리 행동해도 나는 바뀌지 않아'와 같은 무력감에 반드시 사로잡힙니다. 이미 이런 감정을 느끼고 계시는 분도 있을 겁니다. 하지만 당신은 대처법을 알고 있습니다. 무력감을 인식하고 받아들이는 방식을 바꾸면 됩니다. 그리고 당신이 바라는 이상적인 자신과 달성하고 싶은 목표, 실현하고 싶은 이상적인 미래를 상기해주세요.

'아아…… 무력감이 찾아왔군. 의욕이 없지만 할 수 있는 행동을 하다 보면 의욕이 생길 거야. 이상적인 자신이라면 이럴 때일수록 담담하게 할 일을 할 거야. 행동하지 않으면 목표도 미래도 실현할 수 없어. 그러니까 해야 해' 하고 자신에게 이야기하고 행동에 나서게 해주세요.

물론 휴식도 중요합니다. 하지만 현실화하는 힘이 강한 사람은 휴식에도 목적이 있습니다. '다음 행동에서 능률을 높이기 위해', '다음 전략을 생각하기 위해'와 같이 명확한 목적을 갖고 적극적으로 휴식을 취합니다. 멈춰있는 듯이 보일지 모르지만 결코 멈춘 게 아닙니다.

'행동할 것인가 말 것인가' 이것은 당신이 정할 문제입니다. 주위에서 만류하는 사람도 많을 것입니다. '일도 바쁘고 육아도 바빠서 하고 싶은 일은 하루에 15분도 빠듯해'라는 상황일 수도 있겠죠. 15분은 하루 중 1퍼센트 정도의 시간이지만 진심을 갖고 집중하면 반드시 상황이 나아집니다.

하지만 대다수는 '겨우 15분이야? 15분으로는 의미가 없어.

시간이 더 있으면 열심히 할 수 있는데……' 하고 15분을 하찮게 여기고 이룰 수 없는 것에만 집중하여 결국 아무런 행동을 하지 않습니다.

짧은 시간일지 모릅니다. 작은 행동일지 모릅니다. 하지만 당신은 짧은 시간과 작은 행동을 쌓았기 때문에 49일 전과 다른 자신을 만들 수 있었습니다. 당신이 행동을 멈추면 이상을 현실화하는 데도 그만큼 늦어집니다.

오늘의 과제는 아래와 같습니다.

① 7주째를 뒤돌아보고 이룬 성과, 좋았던 일을 작성하고 느낀 점이나 감상을 자유롭게 다음 페이지에 적어주세요.

② 만약 다시 한 번 Week07가 주어진다면 어떻게 할 것인지 생각나는 대로 다음 페이지에 적어주세요.

③ 오늘을 뒤돌아보고 느낀 점이나 감상을 다음 페이지에 자유롭게 적어주세요.

뒤에 이어질 「마치며」에서 한 가지 과제를 추가 제시했습니다. 다음 걸음을 내딛는 데 꼭 활용해주세요.

Day
49

Date . . .

1. 7주째를 뒤돌아보고 이룬 성과, 좋았던 일을 작성하고 느낀 점이나 감상을 자유롭게 적어주세요.

2. 만약 다시 한 번 Week06가 주어진다면 어떻게 할 것인지 생각나는 대로 적어주세요.

3. 오늘을 뒤돌아보고 느낀 점이나 감상을 자유롭게 적어주세요.

이 책도 이제 마칠 때가 되었네요. 당신이 매일 쌓아온 생각과 행동이 여기에 담겨 있습니다. 이 책의 실제 저자는 여기까지 꾸준히 실천해온 당신입니다.

「시작하며」에서도 언급했지만 당신이 매일 작성한 노트에는 이 세상에서 다른 누구도 경험하지 못한 일을 담고 있습니다. 다른 누구도 경험하지 못한 일을 담고 있다는 것은 세상에서 유일무이한 책이라는 의미입니다.

도중에 그만두려는 생각도 몇 번이나 했을 겁니다. 깜빡 잊은 날도 있었겠죠. 하지만 당신은 그런 자신조차도 기꺼이 받아들이고 여기까지 왔습니다.

그래서 확실하게 말씀드릴 수 있습니다. 당신은 '하면 되는 사람'입니다.

'겨우 49일인데요?' 하고 여전히 의심을 품는 분도 계실지 모르겠지만 49일은 하루하루가 쌓여서 이루어진 기간입니다. 수차례 언급했지만 하나씩 쌓아야 '계속'이라는 말이 성립합니다. 하나씩 쌓아가는 행동을 하지 못하는 사람은 계속할 수 없습니다. 왜 행동을 하지 못하는 걸까요? 맞습니다. 가장 큰 이유는 '망각'

입니다.

기억에 의존하다가 실패를 맛보는 경우도 많습니다. 기억력은 과신할 게 못 됩니다. 사람은 쉽게 잊습니다. 그렇게 때문에 대책이 필요한 거죠.

우리들이 사는 세상에 실패하지 않는 사람은 없습니다. 실패하지 않는 사람은 도전하지 않는 사람입니다. 앞으로도 깜박하고 잊는 일이 많을 겁니다. 최선을 다했는데도 성과를 거두지 못하는 일도 많을 겁니다.

하지만 계속 행동을 이어가면 반드시 성공하는 날이 옵니다. 지난 일에 미련을 못 버리고 분하다고 되돌릴 수는 없습니다. 없던 일로 할 수도 없죠. 화내는 동안에도 시간은 흘러갑니다. 화를 낸다고 상황이 좋아지지 않습니다. 그럴 시간이 있다면 '만약 다시 한 번 한다면?'이라는 질문을 하고 다음 행동과 도전의 밑거름을 만드는 데 활용합시다.

자신이 이룬 성과를 하찮게 생각하기도 합니다. '과제는 매일 작성했는데 목표는 달성하지 못했어요'라는 분도 계시겠죠? 목표를 달성하지 못한 이유는 '목표 달성력'이 부족하다는 의미입니다.

하지만 목표 달성 실패를 자신의 부족함을 깨닫는 계기로 삼을 수 있습니다. 이번에는 목표에 다가가지 못했지만 여기서 익힌 배움을 다음번에 활용하면 '49일 동안의 실패 덕분에 성공했다'라는, 실패를 성공으로 바꾸는 능력을 추가로 겸비하게 됩니다.

어떤 분야의 그 누구도 실패를 맛보지 않고 성공한 사람은 없습니다. 실패를 반면교사로 삼아 성공할 수 있었던 거죠. 실패를 적극적으로 하고 싶다는 사람은 없습니다. 철저히 준비해도 결과가 아쉬울 때도 있습니다. 아쉽기 때문에 자신의 부족한 부분을 깨닫는 계기로 삼으면 다음 도전에 부족한 부분을 채울 수 있습니다. 이런 식으로 실패와 성공을 반복하면서 성장합니다. 그리고 성장에는 한계가 없습니다. 자기 마음대로 한계라고 규정할 뿐이죠.

일단은 이룬 것부터 인정해야 합니다. 그런 후에 부족한 부분을 찾는 거죠. 부족한 부분은 향후 발전 가능성이 높다고 판단할 수 있습니다. 부족한 부분을 발전시키려면 '노력'이 반드시 동반되어야 합니다. 이 책 마지막에서 말씀드리고 싶은 것이 바로 '노력'입니다.

당신은 '노력'이라는 말을 들으면 어떤 생각이 드시나요? '열심히 해야 한다', '이를 꽉 깨물어야 한다'와 같은 이미지가 떠오르지 않나요?

그런데 우리는 왜 노력을 해야 하는 걸까요? 어릴 때부터 줄곧 '노력하세요'라는 말을 들어왔습니다. '노력해야 목표를 이룰 수 있다'라고도 합니다. 하지만 왜 노력해야 하는지 알려주는 사람은 없습니다. 뭔가를 손에 넣기 위해서는 노력하는 게 당연하다고 생각하기 때문에 의문을 품지 않았는지도 모릅니다.

예를 들어 '원하는 대학에 들어가기 위해 열심히 노력했다'와 같이 '노력은 뭔가를 손에 넣기 위한 행동'이라고 생각하는 게 일반적입니다. 하지만 저는 다르게 정의합니다. 노력은 누군가의 강요로 하는 게 아닙니다. '자신의 인생을 스스로 창조하기 위해 주체적으로 하는 행동'입니다.

'나는 주체적이고 자유롭게 사는 사람이다'라는 암시를 스스로에게 거는 것이 노력입니다. 예를 들어 당신은 이 책을 여기까지 읽었습니다. 누군가가 억지로 강요한 게 아닙니다. 누군가가 추천을 해줬을 수는 있지만 '해보자!' 하고 주체적으로 결정을 내린 사람은 당신 자신입니다.

인생은 하루하루가 쌓여서 이루어집니다. 하루를 바꾸면 인생이 바뀌는 거죠. 좀 더 세분화해서 말씀드리면 하루는 1분 1초가 쌓여서 이루어집니다. 따라서 순간순간을 어떻게 사느냐에 따라 인생이 바뀝니다.

당신은 순간순간을 어떤 마음가짐으로 보내고 있나요?

대부분은 무의식적으로 보냅니다. 무의식이란 지금까지 쌓아온 습관입니다. 따라서 일부러 손을 쓰지 않으면 지금까지와 같은 인생이 이어집니다. 지금까지의 인생이 만족스럽다면 뭔가 손을 써서 바꿀 필요가 없습니다. 손을 쓴다는 것은 지금까지의 인생을 무너트리고 새로운 인생을 쌓아올린다는 의미입니다. 즉 파괴와 창조입니다. 파괴 없이 창조는 있을 수 없습니다.

노력은 파괴와 창조의 반복입니다. 자유의지를 갖고 주체적으로 인생을 파괴하여 그곳에 새로운 것을 창조하는 것입니다. 당신은 49일 전에 자신을 파괴하고 49일 동안 학습하여 새로운 자신을 창조했습니다.

이대로 계속 노력하면 이제 막 새로움에 눈뜬 당신은 한층 더 발전할 것입니다. 하지만 노력을 멈추면 애써 창조한 새로운 당신은 파괴되고 다시 원래의 모습으로 돌아갑니다. 뿐만 아니라 자신이 파괴되는 것을 학습한 당신은 이전보다 더 변화를 거부하는 고집스러운 모습으로 바뀔 가능성이 높습니다.

철학자 칸트는 자유에 관해 '인간은 규칙에 따르는 것이 자유'라고 말했습니다. 자신이 정한 규칙에 자신의 의지로 따르는 생물은 인간밖에 없습니다. 일반적으로 우리는 규칙에 속박받고 있다고 생각하기 때문에 규칙에서 벗어나 자유를 찾고자 노력합니다.

규칙에 속박받지 않는다는 것은 먹고 싶을 때 먹고 자고 싶을 때 자는, 욕망이 치닫는 대로 사는 삶을 의미합니다. 이런 삶에서 인간으로서의 성장은 절대 기대하기 힘듭니다. 남을 돕고 싶다는 마음도 생기지 않습니다.

당신은 '이상적인 자신'이 어떤 모습인지 스스로 정의했습니다. '이상적인 자신'을 현실화하려면 '이상적인 자신'에 걸맞은 규칙을 따라야 합니다. 이처럼 스스로 정한 규칙에 따르는 것이야말로 자유이며 노력입니다. 노력은 당신에게 '이상적인 자신'을 현실화시켜줄 것입니다. 당신은 '이상적인 자신'이 되는 과정에서 많은 것을 손에 넣게 될 것입니다. 돈과 인맥도 그중 하나입니다. 돈이나 인맥이 생기면 지금의 자신은 할 수 없는 일이 가능해집니다. 즉 선택지가 많아집니다. 노력하면 노력할수록 자유를 더 많이 경험할 수 있는 사람이 된다는 의미입니다.

우리는 이 사회에서 살아가기 위해 많은 약속과 의무를 지켜야 합니다. 예를 들어 납세의 의무가 있습니다. 싫지만 어쩔 수 없다고 생각하고 세금을 내는 사람이 있는가 하면 '내가 모르는 곳에서 사회를 지탱해주는 분들의 급여'라고 생각하고 내는 사람도 있습니다. 어떻게 생각할지는 자유의지로 선택할 수 있습니다.

제한 속에서 누릴 수 있는 자유를 찾고 그 자유를 체험해봅시다. 자유를 느끼지 못하는 이유는 제한에서 벗어나려고 하기 때문입니다. 저는 제한 속에서 자신의 자유를 체험해가는 것이야말로 개개인이 행복해지는 길이라고 믿습니다.

그럼 마지막 과제를 제시하겠습니다.

마지막 과제는 이 책을 통해 얻은 경험을 뒤돌아보는 것입니다. 아이들을 가르치는 선생님의 이야기를 들어보면 성적이 우수한 학생일수록 시험 후 뒤돌아보는 시간을 많이 갖는다고 합니다. 성과가 뛰어난 직장인도 정기적으로 뒤돌아보는 시간을 갖는 사람이 많습니다. 워크숍을 통해 일부러 뒤돌아보는 시간을 갖기도 하죠. 마지막 과제에 대해서는 한 시간 정도 천천히 시간을 들여서 생각해보시기를 강력히 추천합니다.

지금까지의 과제와 다른 점은 이 책을 시작하기 전의 당신에게 메시지를 남기는 것입니다. 당신이 오늘 여기까지 과제를 실천할 수 있었던 것은 책을 사서 첫 번째 날의 과제를 수행했기 때문입니다. 그 첫걸음이 없었다면 오늘과 같은 날은 맞이하지 못했을 겁니다. 첫걸음을 내딛기 전의 당신에게 꼭 감사의 메시지를 보내기 바랍니다.

여기까지 함께 와주셔서 정말로 감사합니다. 이 책은 이렇게 끝을 맺지만 당신의 인생은 여전히 계속됩니다. 당신과 함께 이 책을 완성할 수 있어서 진심으로 자랑스럽습니다. 언제 어디가 될지 모르겠지만 실제로 당신과 만날 날을 손꼽아 기대할게요.

Date . . .

1. 이 책을 뒤돌아보고 이룬 성과, 좋았던 일을 작성하고 느낀 점이나 감상을 자유롭게 적어주세요.

2. 만약 다시 한 번 이 책을 읽는다면 어떻게 할 것인지 생각나는 대로 적어주세요.

3. 이 책을 읽기 전의 당신에게 보낼 메시지를 적어주세요.

인생을 바꾸는
잠들기 전 15분 노트

1판 1쇄 펴냄 2022년 7월 27일
1판 2쇄 펴냄 2023년 1월 16일

지은이 요코카와 히로유키
옮긴이 신찬
펴낸이 조윤규
편집 민기범
디자인 홍민지

펴낸곳 (주)프롬북스
등록 제313-2007-000021호
주소 (07788) 서울특별시 강서구 마곡중앙로 161-17 보타닉파크타워1 612호
전화 영업부 02-3661-7283 / 기획편집부 02-3661-7284 | 팩스 02-3661-7285
이메일 frombooks7@naver.com

ISBN 979-11-88167-65-4 (03190)